PRÉCIS

SUR LA

LÉGISLATION MILITAIRE,

RÉSUMÉ

DES LOIS, ORDONNANCES ET DÉCISIONS MINISTÉRIELLES SUR LA MATIÈRE,

EN VIGUEUR AU 1.er JANVIER 1835;

PAR **A. JOUBERT**, CAPITAINE AU 64.e

A BORDEAUX,

DE L'IMPRIMERIE DE LAVIGNE JEUNE,

FOSSÉS DE L'INTENDANCE, N.o 15.

PRÉCIS

SUR

LA LÉGISLATION MILITAIRE.

***

RÉSUMÉ

DES LOIS, ORDONNANCES ET DÉCISIONS MINISTÉRIELLES SUR LA MATIÈRE, EN VIGUEUR AU 1.er JANVIER 1835,

POUR SERVIR

AU COURS PRESCRIT DANS L'INTÉRIEUR DES RÉGIMENS.

(Article 223, Ordonnance royale du 2 Novembre 1833, service intérieur).

PAR A. JOUBERT, CAPITAINE AU 64.^e

A Bordeaux,

CHEZ LAVIGNE JEUNE, IMPRIMEUR DE LA PRÉFECTURE,

FOSSÉS DE L'INTENDANCE, N.º 15.

A TOUS

MES FRÈRES D'ARMES

DE NOTRE JEUNE ARMÉE,

L'ESPOIR DE LA PATRIE.

L'ORDONNANCE du 2 Novembre 1833, sur le service intérieur, prescrivant au major de faire annuellement aux officiers de son régiment un cours de législation militaire, notre major m'a prié de rédiger un précis qui pût lui servir à remplir ce devoir. Il désirait commencer ce cours cet hiver même. J'ai donc dû me hâter, pour remplir ses intentions; j'ai dû terminer mon travail en quelques semaines; de là, de nombreuses imperfections sans doute, que je m'empresserai de rectifier dès qu'elles me seront signalées, si ce produit de patiente compilation est agréé de vous, mes frères d'armes. Le *Guide des Juges militaires* et le *Manuel des Conseils de guerre*, tous deux édition de 1831, excellens ouvrages, auxquels tous ceux qui voudront approfondir la matière feront bien de recourir, sont les seules aides que j'aie pu me procurer ici, au milieu de nos belles montagnes Auvergnates. Mon but a été d'être utile, succinct, précis. Puissé-je l'avoir atteint à votre gré, mes chers camarades! Votre suffrage sera pour moi la plus douce récompense de mes labeurs!

A. JOUBERT.

Clermont-Ferrand, le 29 Janvier 1835.

PRÉCIS

SUR

LA LÉGISLATION MILITAIRE.

DISPOSITIONS GENERALES.

1. **Pour** rendre la justice aux militaires des armées de terre, il existe pour les cas généraux deux espèces de tribunaux; savoir : 1.º les conseils de guerre permanens; 2.º les conseils de révision.

2. Outre ces deux espèces de tribunaux, dans les places de guerre investies ou assiégées, le commandant en chef de la place a le droit de former des conseils de guerre et de révision spéciaux.

3. L'arrêté du 14 Fructidor an 7 autorise le Gouvernement à faire établir un conseil de guerre, indépendant de ceux de la division, dans les départemens déclarés en état de trouble; mais le célèbre arrêt de la cour de cassation, rendu en 1832, à l'occasion de la mise en état de siége de Paris et des départemens de la Vendée, déclare les conseils de guerre spéciaux établis en vertu dudit arrêté, tribunaux exceptionnels et illégaux, contraires à l'art. 54 de la Charte constitutionnelle de 1830, qui les abolit implicitement.

Arrêté du 11 Frimaire an 6, art. 1.er et 2.

Lois du 13 Brumaire an 5, du 18 Vendémiaire an 6, art. 19.

4. Il est établi deux conseils de guerre permanens par chaque division de l'armée et par chaque division de l'intérieur.

5. Les deux conseils de guerre permanens ne siègent pas au chef-lieu divisionnaire dans toutes les divisions actuelles; des motifs d'intérêt général ont fait répartir ces conseils de guerre de la manière indiquée par le tableau n.° 1.er ci-annexé.

Avis du Conseil d'état, du 30 Thermidor an 12.

6. Les tribunaux militaires sont compétens pour connaître des délits commis par des militaires aux armées, dans les camps, cantonnemens, garnisons, ou enfin présens à leur corps.

Ibidem et avis du Conseil d'état du 7 Fuctidor an 12.

7. La connaissance des délits commis par des militaires isolés, en congé ou loin de leur corps, appartient aux tribunaux ordinaires.

Loi du 13 Brumaire an 5, art. 9 et 10.

8. Toutes les personnes composant l'armée, et toutes celles qui sont attachées à son service, sont considérées comme militaires, et sont à ce titre justiciables des conseils de guerre. (Voir pour les détails Perrier, *Guide des Juges militaires*, édition de 1831, pag. 13).

TABLEAU N.° 1.

NOMENCLATURE DES TRIBUNAUX MILITAIRES

(Annuaire de 1834, page 559).

DIVISIONS MILITAIRES et ARMÉES ACTIVES.	PLACES OU SIÈGENT		
	le premier conseil de guerre permanent.	le second conseil de guerre permanent.	le conseil de révision.
1.re division. —— Paris................	Paris........	Paris	Paris.
2.me — Châlons-sur-Marne	Verdun.....	Mézières	Châlons-sur-Marn.
3.me — Metz................	Metz........	Metz	Metz.
4.me — Tours..............	Tours........	Tours	Tours.
5.me — Strasbourg........	Strasbourg.	Strasbourg.	Strasbourg.
6.me — Besançon..........	Besançon...	Besançon ...	Besançon.
7.me — Lyon................	Lyon	Lyon	Lyon.
8.me — Marseille..........	Toulon......	Marseille....	Marseille.
9.me — Montpellier........	Montpellier.	Montpellier.	Montpellier.
10.me — Toulouse..........	Toulouse...	Perpignan..	Toulouse.
11.me — Bordeaux..........	Bordeaux...	Bayonne	Bordeaux.
12.me — Nantes............	La Rochelle	Nantes	Nantes.
13.me — Rennes............	Rennes.	Brest	Rennes.
14.me — Rouen............	Cherbourg..	Rouen	Rouen.
15.me — Bourges..........	Bourges....	Nevers	Bourges.
16.me — Lille..............	Lille........	Lille	Lille.
17.me — Bastia............	Bastia	Ajaccio......	Bastia.
18.me — Dijon............	Dijon........	Dijon	Dijon.
19.me — Clermont..........	Clermont ...	Clermont ...	Clermont.
20.me — Périgueux..........	Périgueux..	Périgueux..	Périgueux.
Armée d'Afrique........	Alger........ Oran........ Bone......... Bougie......	Alger......... Oran .... Bone .... Bougie......	Alger. Oran. Bone. Bougie.
Corps d'occupation d'Ancône........	Ancône	Ancône	Ancône.

9. Les militaires, même sous les drapeaux, ne sont pas justiciables des tribunaux militaires pour le crime de faux. Ce crime est du ressort des cours de justice criminelle.

Loi du 24 Floréal an 10, arrêté du 17 Messidor an 12.

10. Les invalides réunis à l'Hôtel des Invalides, sont, pour les crimes et délits qu'ils y commettent, justiciables des tribunaux militaires.

Arrêts de la Cour de cassation des 23 Janvier 1829 et 3 Mars 1831.

11. Les officiers disponibles prévenus d'un délit commun, doivent être traduits devant les tribunaux ordinaires.

Avis du Conseil d'état du 12 Janvier 1811.

12. Il est établi un conseil de révision permanent dans chaque division de l'armée et dans chaque division de l'intérieur.

Loi du 18 Vendémiaire an 6, art. 1.er

13. En cas d'annulation pour cause d'incompétence, le conseil de révision renvoie le fond du procès au tribunal compétent.

Loi du 18 Vendémiaire an 6, art. 18.

14. En cas d'annulation pour autre cause, l'affaire est portée devant celui des deux conseils de guerre permanens de la division qui n'a pas jugé primitivement l'affaire.

Loi du 27 Fructidor an 6, art. 2.

15. En cas de double annulation, pour différentes causes, d'un jugement rendu successivement par les deux conseils de guerre permanens d'une division, l'affaire est renvoyée dans les trois jours devant le premier conseil de guerre permanent de l'une des divisions les plus voisines.

La décision du conseil de révision désigne alors ce conseil.

Loi du 29 Prairial an 6, art. 1.er

16. Lorsqu'après une annulation le second jugement est attaqué par les mêmes moyens que le premier, la question n'est plus du ressort d'un conseil de révision; il doit être recouru à la cour de cassation.

Loi du 18 Vendémiaire an 6, art. 23.

17. La loi du 4 Fructidor an 5, encore en vigueur, a déterminé une composition particulière pour juger, 1.° un général en chef; 2.° un général de division ou de brigade; 3.° les colonels, majors, chefs de bataillon ou d'escadron; 4.° les intendans ou sous-intendans militaires. (Voir à cet égard ladite loi, *Guide des Juges militaires*, édition de 1831 *, p. 114, et pour l'extrait de ces principales dispositions, *ibidem*, pag. 8.

De la plainte à dresser contre un inculpé.

18. Dès qu'un militaire est prévenu d'un crime ou délit, il est aussitôt mis en état d'arrestation, sous la garde d'une force suffisante qui en répond.

19. L'officier général commandant en chef, ou l'officier supérieur commandant sur le lieu dans une place investie ou assiégée, doit, aussitôt qu'il a connaissance certaine d'un crime ou d'un délit, ordonner au rapporteur de procéder à l'information.

20. Cette connaissance certaine est acquise au commandant en chef de deux manières : 1.° par une plainte ou dénonciation contre l'inculpé; 2.° par la notoriété publique ou le flagrant délit.

21. La plainte doit être adressée au commandant en chef par le chef du corps auquel appartient le prévenu.

22. La dénonciation est faite, s'il y a lieu, par toute partie lésée ou plaignante.

---

* Toutes les fois que nous citerons le *Guide des Juges militaires* ou le *Manuel des Conseils de guerre*, il sera toujours question, pour chacun de ces ouvrages, de l'édition de 1831, qui nous a guidé dans notre travail.

Code d'instruction criminelle, art. 66.

Loi du 13 Brumaire an 5, art. 2. *Manuel des Conseils de guerre*, pag. XIV.

23. A moins de désistement de la plainte opérée dans les vingt-quatre heures, le commandant en chef est obligé de faire informer.

24. Si ce n'est que par la notoriété publique qu'il a connaissance d'un crime ou délit, et qu'une notoriété contraire, avant qu'il ait ordonné d'informer, vienne immédiatement lui donner la certitude de l'innocence de l'individu primitivement inculpé, il peut s'abstenir de donner au rapporteur l'ordre de commencer l'information.

25. Lorsque plainte est portée contre un militaire par un individu, soit civil, soit militaire, le rapporteur est tenu de recevoir cette plainte, et d'en dresser un procès-verbal conforme au modèle donné. (*Manuel des Conseils de guerre*, 1831, pag. 224).

Le modèle de la plainte que doit adresser un chef de corps à l'officier général ou supérieur commandant, se trouve, *Guide des Juges militaires*, 1831, pag. 248.

Celui qui fait dresser la plainte précitée, doit avoir grand soin de faire mentionner sur cette plainte tous les crimes, délits et circonstances aggravantes à la charge de l'individu, surtout en cas de désertion et d'insoumission. Dans ces deux cas, il est essentiel d'indiquer si l'accusé est remplaçant. Il est également très-important que les prénoms et le signalement soient de la plus rigoureuse exactitude pour bien établir l'identité de l'individu. Ce serait une grave erreur de croire qu'un conseil de guerre est incompétent pour statuer sur des crimes, délits ou circonstances aggravantes qui n'étant pas relatés dans une plainte, résulteraient de l'instruction ou des débats d'une affaire. — L'article 12 de la loi du 13 Brumaire an 5 s'exprime ainsi : « A défaut » de plainte, il sera également procédé à l'informa- » tion ». Il existe en outre une foule d'autres motifs qui rendent rationnel et légal de procéder ainsi que l'indique le *Manuel des Conseils de guerre,* 1831, pag. XIX. (*Jurisprudence des Conseils de guerre*).

CHAPITRE 1.er

Conseil de guerre permanent.

26. Un conseil de guerre permanent se compose de sept membres; savoir : 1.º un colonel, *président;* 2.º un chef de bataillon ou d'escadron; 3.º et 4.º deux capitaines; 5.º un lieutenant; 6.º un sous-lieutenant; 7.º un sous-officier.

Loi du 13 Brumaire an 5, art. 2.

27. Outre ces sept membres, qui sont juges, les fonctions de rapporteur sont remplies par un capitaine; elles peuvent l'être par un chef de bataillon; un autre capitaine remplit les fonctions de commissaire du Roi.

Loi du 13 Brumaire an 5, et décret du 3 Février 1813.

28. Le greffier est au choix du rapporteur.

29. Tous les membres composant le conseil de guerre permanent, à l'exception du greffier, sont nommés par le commandant en chef de la division, qui peut aussi nommer un ou plusieurs substituts au rapporteur, dans le grade de capitaine ou dans celui de lieutenant, sur la demande du président.

Loi du 13 Brumaire an 5, art. 4 et 5; loi du 27 Fructidor an 6, art. 3.

30. La loi du 13 Brumaire an 5, organique des conseils de guerre permanens, n'ayant rien statué à l'égard de l'âge auquel un juge militaire peut être appelé à siéger dans un conseil permanent, l'usage

Lois du 3 Pluviôse an 2, tit. 7, art. 4 ; du 29 Octobre 1790, art. 19 ; du 16 Mai 1792, tit. 2, art. 5 ; du 12 Mai 1793, tit. 1, art. 8.

s'est perpétué d'exiger l'âge de vingt-cinq ans accomplis, conformément aux lois antérieures.

31. Nuls parens ou alliés, au degré prohibé par les lois ordinaires, ne peuvent siéger au même conseil de guerre.

32. Nul parent d'un prévenu ne peut siéger au conseil chargé de juger ce prévenu.

33. L'usage s'est également établi de nommer les membres des conseils permanens parmi les militaires en activité de service. Dans l'intérêt de la justice, ces conseils doivent autant que possible être formés de militaires appartenant à différens corps et de différentes armes.

34. Nul militaire ne peut refuser sa nomination de membre d'un tribunal militaire, à moins de maladie bien constatée, sous peine de destitution et de trois mois de prison.

35. Le commandant en chef de la division peut changer tout ou partie des membres des conseils de division, pourvu que ce changement ne s'effectue pas pour le jugement d'un délit à raison duquel le prévenu serait arrêté ou l'information commencée.

36. Lorsqu'il s'agit de juger certains officiers, les conseils changent de forme.

37. Le chef de la division est autorisé à partager les affaires à juger entre les deux conseils permanens de sa division.

38. Jamais ces deux conseils ne peuvent se réunir pour l'instruction d'une procédure.

39. Le local pour servir aux séances des conseils de guerre, doit être fourni par les soins des employés du génie militaire, et établi s'il se peut dans les bâtimens militaires.

Marginalia:

Loi du 13 Brumaire an 5, art. 7 et 8.

Ibidem, art. 6.

Ibidem, art. 5.

Voir *Guide des Juges militaires*, édition de 1831, pag. 8, 9 et 10.

Lois des 18 Vendémiaire et 27 Fructidor an 6.

40. Dans les villes de l'intérieur où il ne se trouve pas un nombre suffisant d'officiers du grade requis pour la formation des conseils de guerre et de révision permanens, on doit compléter ces tribunaux en mettant un officier supérieur à la place du général, et un capitaine à la place de chaque officier supérieur manquant. Dans ce cas, le conseil est toujours présidé par l'officier supérieur le plus élevé en grade, et à grade égal, par le plus ancien de service dans ce grade.

Décret du 17 Primaire an 14, art. 1 et 2.

41. Enfin, si le nombre des officiers du grade requis par l'article précédent ne pouvait se compléter, alors on peut, dans les villes de l'intérieur, remplacer tout officier manquant par un officier de grade inférieur, jusqu'à celui de sous-lieutenant.

Décret du 16 Février 1807.

Du Président.

42. La police de tout tribunal militaire appartient à son président.

Loi du 13 Brumaire an 5, art. 24.

Si quelqu'un s'écartait du respect dû au tribunal, le président pourrait le reprendre, et le condamner à la prison jusqu'à quinze jours, selon la gravité de l'offense.

43. Lorsqu'un conseil de guerre est convoqué par le commandant de la division, qui désigne le jour de cette convocation, le président fixe l'heure et le lieu de la séance. A moins que des causes particulières et imprévues ne s'y opposent, les séances ont toujours lieu dans le local affecté à cet usage par le Gouvernement.

Ibidem, art. 22.

Tous les membres du conseil doivent être prévenus individuellement et à domicile par les soins

Usage.

du rapporteur, au moins vingt-quatre heures d'a-vance, du jour, du lieu et de l'heure de la séance.

44. Avant d'ouvrir la séance, le président doit s'assurer que les lois sont déposées sur le bureau.

45. Le président interroge l'accusé, et adresse des questions aux témoins lorsqu'ils sont entendus en séance.

46. Tous les juges peuvent adresser des questions aux prévenus et aux témoins; mais ils doivent en obtenir l'agrément du président.

47. Le président fait évacuer la salle, quand les localités ne permettent pas au conseil de se retirer dans une autre pièce pour y délibérer à huis-clos. Pour la déclaration de culpabilité et pour l'application de la peine, le président pose les questions, qui se résument ainsi pour chaque chef d'accusation, même pour ceux qui n'étant pas exprimés en la plainte, résultent de l'instruction ou des débats; savoir :

N........, accusé d'avoir commis tel délit, est-il coupable?

48. Il passe ensuite aux opinions, recueille les voix, en commençant par le grade inférieur, et émet son opinion le dernier.

49. Il ne peut être posé, à l'égard des prévenus, aucune question de circonstances atténuantes, l'arrêt du 2 Mars 1833 de la cour de cassation ayant statué que la loi du 28 Avril 1832 n'était en aucun cas applicable à la législation militaire, qui n'a dû ni pu recevoir aucune atteinte de cette loi.

50. Les circonstances aggravantes prévues par les lois doivent au contraire être l'objet de questions spéciales.

51. En cas de faux témoignage, s'il est évident, le président fait saisir le délinquant, dresse procès-verbal, interroge l'accusé fa c témoin. S'il n'est pas militaire, il le renvoie devant ses juges naturels; s'il est militaire, il est traduit au conseil de guerre permanent, et jugé sur ce fait.. Le président peut le faire juger sans désemparer, s'il pense que cela soit à propos.

Code d'instruction criminelle, art. 330.

52. Avant de prendre l'avis des juges pour l'application de la peine, le président lit le texte de la loi.

Loi du 13 Brumaire an 5, art. 32.

53. Lorsque la séance est redevenue publique, le greffier et le rapporteur ayant repris leur place, le président rend à haute voix la décision du conseil sur la culpabilité de l'accusé, applique la peine prononcée par le conseil, lit le texte des articles de lois dont l'application est faite, et ordonne au rapporteur de faire exécuter le jugement.

Ibidem, art. 34, 35 et 36.

54. Il prononce dans les mêmes formes les jugemens suivis d'acquittement, et ordonne dans ce cas que l'accusé soit mis sur-le-champ en liberté par les soins du rapporteur, et rendu à ses fonctions. Il a soin, lorsqu'il y a lieu, de mentionner hautement l'amende qui accompagne la peine; l'omission de cette formalité est un cas de nullité.

Ibidem, art. 3 i.

55. Il lève la séance.

56. Au commencement de chaque mois, le président est tenu d'envoyer au Ministre de la guerre copie certifiée de tous les jugemens rendus par le conseil qu'il préside pendant le mois précédent.

Ibidem, art. 40; instruction ministérielle du 26 Février 1829.

Il est également tenu d'envoyer à la fin de chaque année, au Ministre de la guerre, un tableau numérique, prescrit par circulaires des 13 Septembre 1828 et 26 Février 1829, dont les modèles se trouvent *Guide des Juges militaires*, édition de 1831, de la page 307 à celle 317 inclusivement.

Loi du 13 Brumaire an 5, art. 40.

57. La minute de toutes les procédures et jugemens est inscrite sur un registre, dont le président doit être dépositaire.

Code d'instruction criminelle, art. 268.

58. Le président est investi d'un pouvoir discrétionnaire, en vertu duquel il pourra prendre sur lui tout ce qu'il croira utile pour découvrir la vérité; et la loi charge son honneur et sa conscience d'employer tous ses efforts pour en favoriser la manifestation.

Décret du 24 Janvier 1812; décret du 4 Janvier 1814, art. 13; ordonnance du 3 Août 1815, art. 7.

59. Le grade de lieutenant-colonel ayant remplacé, dans la hiérarchie militaire actuelle, ceux de major en premier et en second qui existaient en 1812, les lieutenans-colonels peuvent suppléer les colonels dans la présidence d'un conseil de guerre permanent. A défaut de lieutenant-colonel, un officier supérieur d'un autre grade sera appelé à présider le conseil de guerre permanent; et à défaut d'officier supérieur, en cas de nécessité absolue, le conseil pourrra être présidé par un capitaine. Dans aucun cas, il ne pourra l'être par un lieutenant.

Loi du 7 Fructidor an 6, art. 6.

Le chef d'état-major d'une division ne peut être président ou membre d'un conseil de guerre ni de révision.

PRÉSIDENT EN SÉANCE *.

Formes et formules indispensables.

Après s'être assuré, 1.° qu'un factionnaire est placé à la porte de la salle du conseil pour maintenir l'ordre ; 2.° que tous les membres du conseil sont présens, savoir : outre le président, six juges, le commissaire du Roi, le rapporteur, le greffier (l'absence du défenseur ne peut empêcher la séance d'avoir lieu, dès qu'il y a convocation ; le rapporteur pourrait en désigner un d'office à l'instant même, et le choisir parmi les assistans) ; 3.° que des exemplaires des lois sont déposés sur le bureau,

Le président, debout, dit à haute voix : La séance est ouverte. Il lit l'ordre de convocation à lui adressé par le commandant de la division où doivent être mentionnées les affaires à juger, puis il donne la parole au rapporteur pour la lecture des pièces. Après cette lecture, il ordonne d'introduire le prévenu, libre et sans fers.

Questions à faire au prévenu. — Quels sont vos noms et prénoms, votre âge, votre profession actuelle? Savez-vous de quel délit vous êtes accusé? Dites ce que vous avez à alléguer pour votre justification ; enfin, toutes les questions que le président juge à propos de lui faire pour mieux éclairer sa propre conscience et celle des juges. Il doit à cet effet avoir constamment sous les yeux l'interrogatoire écrit qui a été fait préalablement par le rapporteur.

---

* Tout ce titre n'étant qu'une affaire de pure formalité, n'a pas été classé, et n'est donné ici que comme document propre à servir aux officiers appelés à présider un conseil permanent. C'est le résumé de toutes les lois en vigueur sur la matière.

Tout juge peut adresser des questions au prévenu; mais il doit en demander la permission au président.

Le prévenu entendu, le président, auquel le greffier a dû remettre une liste à cet effet, ordonne d'introduire chaque témoin séparément, s'il est entendu des témoins en séance. Si les témoins ont été entendus par commission rogatoire, et qu'ils soient absens, le président peut ordonner une seconde lecture de la déposition écrite de chacun d'eux, en présence de l'accusé, auquel il demande alors ses observations sur chaque déposition. Aucun témoin ne doit être présent dans la salle des séances, pour l'affaire où il témoigne, avant d'être appelé par l'ordre du président.

Questions à faire aux témoins. — Quels sont vos noms, prénoms, âge, domicile, profession? N'êtes-vous ni parent, ni allié, ni domestique du prévenu? Vous jurez de parler sans haine et sans crainte, de dire toute la vérité et rien que la vérité. (Le témoin doit, en levant la main droite, dire à intelligible voix : Je le jure). Après quoi le président lui montrant le prévenu : Reconnaissez-vous la personne ici présente? Dites-nous tout ce que vous savez relativement au délit dont il est inculpé; puis, toutes les questions résultant des circonstances de la déposition et des débats, de manière à faire ressortir impartialement la vérité. (Les témoins appelés en vertu du pouvoir discrétionnaire du président, ou ceux appelés suivant le vœu de l'accusé, en séance même, ne doivent pas être soumis à la prestation du serment, attendu qu'ils ne sont entendus qu'à titre de renseignement). Après l'audition des témoins, le président donne la parole au rapporteur, qui fait son résumé. Après le rapporteur, le défenseur est entendu. Le rapporteur peut répliquer, mais une fois seulement. Le défenseur doit toujours avoir la parole le dernier. Après quoi le président demande à l'accusé si sa défense est complète, s'il a des observations à faire; sur sa réponse affirmative, et après s'être assuré que les membres du conseil n'ont plus aucunes questions ni observations à adresser, soit à l'inculpé, soit aux témoins (*loi du* 13 *Brumaire an* 5, *art.* 29), il ordonne que l'accusé soit reconduit en prison par la garde.

Puis, il fait évacuer la salle, dont les portes doivent être closes soigneusement. Le rapporteur, le greffier, le défenseur, se retirent. Le commissaire du Roi seul reste.

Le président soumet au conseil les questions de culpabilité, qui sont préparées par les soins du greffier, mais que le président peut changer ou modifier, s'il le juge à propos.

Le président doit interdire toute délibération dans la séance à huis-clos; il doit être de la plus stricte impassibilité pour n'influencer en rien l'opinion des juges. Il recueille les opinions, juge par juge, en commençant par le grade inférieur, le sous-officier. Le président émet son opinion le dernier. Trois voix sur sept acquittent; cinq voix sur sept condamnent.

Si l'accusé est condamné, le président invite le commissaire du Roi à requérir l'application de la peine.

Le président, après le réquisitoire du commissaire du Roi, lit le texte de la loi requise, et prend l'avis des juges pour l'application de la peine, dans le même ordre, dans les mêmes formes que pour la déclaration de culpabilité.

Si *cinq voix* indiquent la même peine, elle est infligée; sinon, l'avis le plus favorable à l'accusé est adopté.

La peine ayant été décidée, le président fait rouvrir les portes de la salle et réintroduire le public. Le rapporteur, le greffier, le défenseur, rentrent en séance.

Alors le président se lève, ainsi que tous les membres du conseil; ils sont couverts. Le président rend à haute voix la décision du conseil sur la culpabilité de l'accusé, la fait inscrire au procès-verbal, lit de nouveau le texte de la loi, applique la peine prononcée par le conseil, *sans oublier la condamnation aux frais, qui toujours est de droit,* et enjoint au rapporteur de faire exécuter le jugement. Lorsqu'il n'y a plus d'affaires à juger, il déclare que la séance est levée.

Formule pour prononcer un jugement portant condamnation.

Au nom du Roi des Français, le (1.ᵉʳ ou 2.ᵉ) conseil de guerre permanent a rendu le jugement suivant :

Les membres du conseil consultés, en commençant par le grade inférieur, le président ayant émis son opinion le dernier, sur la question : N..., prévenu de (le délit), est-il coupable? ont déclaré à l'unanimité, ou à la majorité (dire de combien de voix), que l'accusé est coupable. En conséquence, M. le commissaire du Roi ayant requis l'application de la peine, le conseil condamne le nommé (les noms et prénoms), reconnu coupable (de tel délit), à la peine de........, et aux frais de la procédure, conformément à (lire ici à haute voix les articles de lois appliqués, tous et textuellement, sous peine de nullité); charge en conséquence M. le rapporteur de lire le jugement à l'accusé, en présence de la garde assemblée, et de le prévenir qu'il a vingt-quatre heures pour se pourvoir en révision.

La formule pour un jugement d'acquittement est la même; seulement dire, après ces mots : *Est-il coupable ?* ont déclaré à l'unanimité, ou à telle majorité, que l'accusé n'est pas coupable. En conséquence, le conseil acquitte le nommé N......, et ordonne qu'il sera mis sur le champ en liberté par les soins de M. le rapporteur.

Du Rapporteur.

60. Le rapporteur, aidé du greffier, reçoit la plainte s'il y a lieu, ensuite la déposition des témoins ; les leur fait signer ou fait mention des causes qui s'opposent à la signature ; il recueille et constate les preuves matérielles du délit, interroge le prévenu sur ses noms, prénoms, lieu de naissance, âge, profession, domicile et circonstances du délit.

Loi du 13 Brumaire an 5, art. 14 et suivans.

Aussitôt après avoir reçu l'ordre d'informer, le rapporteur fait écrouer le prévenu à la prison militaire du lieu où siège le conseil de guerre chargé de juger.

61. Il lui présente, s'il en existe, les preuves matérielles du délit, afin qu'il déclare s'il les reconnaît, et fait mention de la réponse.

62. S'il y a plusieurs prévenus du même délit, il les interroge séparément.

Loi du 13 Brumaire an 5, art. 16 et 17.

63. Il lit au prévenu l'interrogation et le procès-verbal d'information; l'accusé est interpellé de signer ses réponses; il est fait mention de son refus ou de son impossibilité de signer; l'interrogatoire est toujours clos et signé par le rapporteur et le greffier.

Ibidem, art. 19.

64. Le rapporteur doit prévenir l'accusé qu'il a droit de se choisir un défenseur; s'il refuse ou ne peut faire ce choix, le rapporteur lui en désigne un d'office.

Ibidem, art. 22.

65. Quand l'instruction est terminée, le rapporteur doit en donner avis au commandant de la division, pour que cet officier-général puisse convoquer le conseil.

Ibidem, art. 23.

66. Aux débats publics, le rapporteur donne lecture de l'information et de toutes les pièces à charge et à décharge.

67. Lorsque le président l'y invite, il fait le résumé de l'affaire, et conclut quant à la déclaration de culpabilité seulement. Son résumé doit être clair, précis, impartial surtout; si l'innocence du prévenu est patente, le rapporteur doit être son plus chaleureux défenseur.

68. Au moment où commence la délibération à huis-clos, le rapporteur se retire avec le greffier; ils ne rentrent l'un et l'autre que lorsque la séance est redevenue publique.

Ibidem, art. 35 et 38.

Circulaire ministérielle, du 8 Mars 1821.

69. Immédiatement après la séance, muni de la copie du jugement, il en fait lecture à l'accusé, en présence de la garde assemblée sous les armes, et l'avertit que la loi lui donne vingt-quatre heures

pour se pourvoir en révision. Ce délai expiré, s'il n'y a eu pourvoi, le rapporteur requiert le commandant de la place, au nom du conseil, de faire exécuter ce jugement, et il fait passer une copie du même jugement au conseil d'administration du corps de l'homme jugé; il en envoie également une copie au commandant de la gendarmerie.

70. Le rapporteur signe tous les procès-verbaux et jugemens.

Loi du 13 Brumaire an 5, art. 18 et 36.

71. Il est chargé de l'exécution de tous les jugemens; il est responsable envers le commandant de place de l'observance de toutes les dispositions à cet égard prescrites par les lois militaires et réglemens sur le service des places.

72. Il est alloué au rapporteur 15 fr. par mois pour frais de bureau.

Circulaire ministérielle du 16 Mars 1827.

Il ne touche pas d'autre solde que celle affectée à son grade.

Des Substituts du Rapporteur.

73. Les fonctions des substituts du rapporteur sont les mêmes que celles du rapporteur pour toutes les affaires dont l'instruction leur est confiée par ce dernier.

74. La durée des fonctions des substituts ne peut excéder trois mois; après ce délai, ils peuvent être continués ou remplacés au besoin, sur la demande du président du conseil de guerre.

Loi du 27 Fructidor an 6, art. 3.

Du Commissaire du Roi.

75. Le commissaire du Roi doit veiller, pendant tout le temps que durent les débats, à la stricte

Loi du 13 Brumaire an 5, art. 3.

observation des formes, à l'application et à l'exécution de la loi.

Loi du 18 Vendémiaire an 6, art. 12.

76. S'il y a violation de la loi ou des formes, il doit se pourvoir d'office en révision vingt-quatre heures après le délai accordé à l'accusé, c'est-à-dire quarante-huit heures après la lecture du jugement pour les jugemens portant condamnation; il ne lui est accordé que vingt-quatre heures pour se pourvoir en révision en cas d'acquittement d'un prévenu.

77. Il assiste aux délibérations à huis-clos. Si le conseil déclare à la majorité de cinq voix que l'accusé est coupable, le Commissaire du Roi requiert l'application de la peine prononcée par la loi contre le délinquant.

Loi du 13 Brumaire an 5, art. 32.

78. La circulaire ministérielle du 28 Mai 1834 attribuait au commissaire du Roi des fonctions qui ne peuvent plus lui être dévolues, par suite de l'arrêt rendu le 19 Décembre 1834 par la cour de cassation, qui annule les dispositions de la circulaire précitée.

Arrêt de la Cour de cassation, du 19 Décembre 1834.

79. Les pièces des procédures doivent être communiquées au commissaire du Roi, mais sans déplacement de ces pièces.

Du Greffier.

80. Le choix du greffier est très-important. La nature délicate de ces fonctions rend indispensable chez celui qui en est revêtu une connaissance approfondie des lois militaires et civiles, beaucoup d'aptitude au travail, un ordre invariable et une parfaite intégrité. Le rapporteur doit donc éviter

soigneusement de changer son greffier, à moins de cas urgens. Il serait vivement à désirer que le nouveau Code militaire, impatiemment attendu à si juste titre, rendît les fonctions de rapporteur et de greffier impermutables, tant que les titulaires n'auraient pas démérité.

81. Le greffier assiste le rapporteur quand celui-ci doit recevoir plainte contre un prévenu. Il assiste également le rapporteur, lorsque celui-ci procède à l'audition des témoins, à l'interrogatoire des prévenus; lorsqu'il communique à l'accusé la série de questions adressées par commissions rogatoires pour entendre des témoins éloignés; enfin, dans toute la procédure, jusqu'au jugement définitif.

Loi du 13 Brumaire an 5, art. 14, 18, 34, 36.

82. Le procès-verbal d'information et l'interrogatoire sont toujours clos et signés par le greffier, ainsi que par le rapporteur.

83. Il assiste aux débats publics, se retire pour la délibération à huis-clos, et rentre dès que la séance est devenue publique.

84. Il écrit le jugement au bas du procès-verbal, en présence du conseil, fait signer cet acte par tous les membres, ainsi que par le rapporteur, et il le signe lui-même.

85. Il assiste le rapporteur dans la lecture du jugement qui doit être faite lors de l'exécution publique d'une condamnation.

86. Si cela est nécessaire, le rapporteur lui adjoint un ou plusieurs commis.

Loi du 27 Fructidor an 6, art. 4.

87. Le greffier et ses commis sont chargés de la tenue du greffe et de tous les détails y relatifs.

88. La durée des fonctions des commis-greffiers est la même que celle des substituts-rapporteurs.

Ibidem.

Circulaire ministé-
rielle du 16 Mars 1827.

89. Il est dû au greffier une indemnité de 12 fr.
pour chaque jugement contradictoire; il lui est dû
une indemnité de 6 fr. seulement pour chaque jugement par contumace, et pareille somme pour
instruction non suivie de jugement.

Code d'instruct. cri-
minelle, art. 164.

90. Tout greffier qui n'a pas fait signer la minute d'un jugement dans les vingt-quatre heures
au plus tard, est puni de 25 fr. d'amende.

Ibidem, art. 112, 195,
418, 450, 163 et 378.

91. Le greffier est puni de 50 fr. d'amende
pour toutes les contraventions suivantes : Inobser-
vation des formalités prescrites par les mandats de
comparution, d'amener et d'arrêt; défaut d'énon-
ciation dans le dispositif du jugement de condamnation des faits prouvés contre les coupables, de
la peine et des condamnations civiles; défaut de
mention de la lecture par le président du texte de
la loi appliquée; non-inscription dans le jugement
du texte de loi; lorsqu'il n'a pas signé et paraphé
à toutes les pages une pièce arguée de faux en écritures; lorsqu'il n'en a pas dressé un procès-verbal
détaillé; s'il n'a pas fait signer à toutes les pages la
personne qui a déposé la pièce, ou s'il n'a pas fait
mention, s'il y a lieu, que cette personne ne sait
pas signer; s'il omet de faire signer ladite pièce par
le rapporteur, par la partie civile ou son avoué,
par le prévenu au moment de la comparution; lorsqu'une pièce, fournie pour servir de comparaison,
n'est pas signée et paraphée de la même manière qu'il
est exprimé pour une pièce arguée de faux; quand,
après le délai de quinze jours, à partir du jour du
jugement, les actes authentiques déclarés faux, en
tout ou en partie, n'ont point été rétablis, rayés ou
réformés, et que, du tout, procès-verbal n'a pas

été dressé; si les pièces de comparaison n'ont pas été renvoyées dans les dépôts d'où elles ont été tirées, ou remises aux personnes qui les ont communiquées.

92. Le greffier est puni de 100 fr. d'amende, lorsqu'il omet de dresser procès-verbal d'exécution d'un condamné, ou qu'il ne le transcrit pas dans les vingt-quatre heures au pied de la minute de l'arrêt, ou enfin losrqu'il ne fait pas mention de l'accomplissement de ces formalités dans les vingt-quatre heures.

93. Il est poursuivi comme faussaire, s'il délivre une copie du jugement avant que la minute en ait été signée.

Code d'instruct. criminelle, art. 196.

Du Défenseur.

94. Le prévenu a le droit de choisir un défenseur dans toutes les classes de citoyens présens sur les lieux. S'il déclare qu'il ne peut faire ce choix, le rapporteur le fera d'office pour lui.

95. Dans aucun cas, le défenseur ne pourra retarder la convocation du conseil de guerre.

96. Il sera donné au défenseur communication du procès-verbal d'information, de l'interrogatoire subi par le prévenu et de toutes les pièces, tant à charge qu'à décharge envers ledit prévenu, mais sans déplacement de ces pièces.

Loi du 13 Brumaire an 5, art. 19, 20 et 21.

97. Si le rapporteur réplique, le défenseur a le droit de prendre la parole le dernier.

98. Le défenseur peut, pendant les débats, répondre aux questions que le président adresse à l'accusé, à moins que ce dernier ne soit personnellement interpellé.

Ibidem, art. 27.

Des Juges militaires.

99. Les juges militaires doivent être en grande tenue pour siéger à un conseil de guerre.

100. En séance, le président est placé au milieu, sur un siége plus élevé que celui des autres juges; le chef de bataillon, ou l'officier qui en tient lieu, prend la droite du président; le plus ancien capitaine siège à la gauche du président; le moins ancien capitaine prend la droite du chef de bataillon; le lieutenant est placé près du premier capitaine; le sous-lieutenant près du second capitaine; le sous-officier près du lieutenant.

101. Le sous-officier-juge, devant émettre son opinion le premier pour résoudre la question de culpabilité et celle de la peine à appliquer, le choix de ce membre d'un conseil de guerre ne saurait être fait trop attentivement, trop scrupuleusement. Il importe à la justice que ce sous-officier ait un caractère judicieux, ferme et indépendant.

102. Les juges militaires ne sauraient trop se pénétrer de l'importance de leurs fonctions délicates; ils sont jurés aussi bien que juges.

103. Ils doivent en conséquence prendre pour leur guide le plus sûr, dans l'accomplissement de leurs devoirs de juges militaires, cette instruction que le chef d'un jury est tenu de lire aux jurés, en cour d'assises:

Code d'instruct. criminelle, art. 342.

« La loi ne demande pas compte aux jurés des » moyens par lesquels ils se sont convaincus; elle » ne leur prescrit point de règles desquelles ils doi-» vent faire particulièrement dépendre la plénitude » et la suffisance d'une preuve; elle leur prescrit

(29)

» de s'interroger eux-mêmes dans le silence et le
» recueillement, et de chercher dans la sincérité
» de leur conscience quelle impression ont faite sur
» leur raison les preuves rapportées contre l'accusé
» et les moyens de sa défense. La loi ne leur dit
» point : Vous tiendrez pour vrai tout fait attesté
» par tel ou tel nombre de témoins; elle ne leur dit
» pas non plus : Vous ne regarderez pas comme
» suffisamment établie, toute preuve qui ne sera
» pas formée de tel procès-verbal, de telles pièces,
» de tant de témoins ou de tant d'indices; elle ne
» leur fait que cette seule question, qui renferme
» toute la mesure de leurs devoirs : Avez-vous une
» intime conviction? »

104. En cas de prévarication des juges, l'accusé
a le droit de les prendre à partie, et de les citer à
la cour de cassation. (*Loi du* 19 *Octobre* 1791,
art. 10).

Des Témoins.

105. Les témoins seront tenus, à moins d'empêchement légitime, de comparaître sur l'assignation qui leur sera donnée par cédule du rapporteur (dont la formule se trouve *Guide des Juges militaires,* page 251), sous peine d'amende et de contrainte par corps. Ces peines seront prononcées par le tribunal militaire, à la réquisition du rapporteur. Décret du 12 Mai 1793,
titre 5, art. 3.

106. Les témoins militaires reçoivent une solde particulière, dite de témoignage, lorsqu'ils sont obligés de se déplacer, pour déposer devant un conseil de guerre, et par suite d'assignation faite par le rapporteur. (Voir, pour cette solde, le tarif Administration militaire.

de solde dans les ouvrages récens d'administration militaire).

Si les témoins militaires ne se déplacent pas, ils n'ont droit à aucune indemnité.

107. Les témoins non militaires, porteurs de cédules en vertu desquelles ils comparaissent devant un conseil de guerre, ont droit, savoir :

Il sera taxé au témoin, à raison de son état et de sa profession, une journée pour sa déposition, et s'il n'a pas été entendu le premier jour pour lequel il aura été cité, dans le cas prévu par l'article 267, il lui sera passé deux journées, indépendamment des frais de voyage, si le témoin est domicilié à plus de deux myriamètres du lieu où la déposition doit être faite.

Le *maximum* de la taxe des témoins sera de 10 fr., et le *minimum* de 2 fr.

Les frais de voyage sont fixés à 3 fr. par myriamètre pour l'allée et le retour.

108. Le président fixe la quotité de la taxe des témoins.

109. Les témoins assignés ou produits par l'accusé, seront entendus dans le débat.

110. Aucun témoin ne peut être parent, allié, serviteur ou domestique d'un prévenu.

111. Lorsqu'il arrive que des témoins militaires ou non militaires éloignés ne peuvent être entendus, le rapporteur rédige une série de questions, qu'il communique au prévenu, et qu'il lui fait signer, après avoir consigné au pied de cet acte les observations du prévenu : il adresse alors, par commission rogatoire, cette série de questions, signée par lui et le greffier, aux procureurs du Roi, juges

d'instruction, juges de paix ou officiers de gendarmerie le plus à portée d'entendre les témoins y désignés. Ces officiers de police judiciaire, après avoir rempli la commission rogatoire qui leur est ainsi décernée, transmettent au rapporteur leur procès-verbal d'information, lequel, pendant tout le cours de la procédure, tient lieu des dépositions orales des témoins.

112. Si un premier interrogatoire était insuffisant, l'accusé et le rapporteur ont le droit de faire interroger une seconde fois les témoins par commission rogatoire.

113. Pour éviter des frais inutiles, les témoins ne doivent être déplacés qu'en cas d'urgence.

114. L'accusé peut récuser un ou plusieurs juges, les témoins, l'interprète, s'il en est appelé, mais il doit motiver sa récusation, qui doit être appréciée par le conseil de guerre.

Code d'instruct. criminelle, art. 326 et 332.

Des interprètes, experts jurés et officiers de santé appelés pendant l'information du rapporteur et aux débats d'une affaire.

115. Des interprètes, experts jurés et officiers de santé, peuvent être appelés pour remplir leur ministère, soit par le rapporteur, soit par le président, pendant l'instruction d'une affaire ou aux débats. — Ils doivent prêter, dans ces cas, le serment prescrit par la loi, et mention en est faite aux procès-verbaux.

116. Il sera alloué aux experts en vérification d'écritures, par chaque vacation de trois heures, indépendamment de leurs frais de voyage, s'il y a lieu, 6 fr., et à Paris 8 fr. Pour frais de voyage,

Cinq codes, édition de 1817, pag. 909.

Tarif des frais et dépens, art. 163.

s'ils sont domiciliés à plus de deux myriamètres, à Paris, 32 fr., et ailleurs, 24 fr., à raison de cinq myriamètres par journée.

117. Aux termes du paragraphe 5 de l'art. 166 du tarif des frais et dépens, annexé aux cinq codes, pag. 910, les mêmes allocations pour les experts sont dues aux interprètes, officiers de santé et autres personnes appelées à éclairer la justice par des renseignemens spéciaux.

Code d'instruct. criminelle, art. 80 et 301.

118. Les individus quels qu'ils soient, assignés à comparaître à titre d'experts, d'interprète, d'officier de santé ou pour fournir tous autres renseignemens nécessaires à la justice, sont tenus d'obtempérer à la citation qui leur est faite, sous les peines de droit, en cas de non comparution, si elle n'est pas légalement justifiée.

Ibidem, art. 332, paragraphe 4.

119. L'interprète ne pourra, à peine de nullité, même du consentement de l'accusé, ni du président, être pris ni parmi les témoins, ni parmi les juges; il doit avoir vingt-un ans au moins.

Ibid., paragraphe 2.

120. L'accusé peut récuser l'interprète, mais en motivant sa récusation.

Du garçon de bureau du Conseil.

121. Il est alloué à chaque conseil de guerre permanent une somme de trois francs par mois pour le garçon de bureau chargé d'entretenir l'ordre et la propreté de la salle des séances.

Des séances du Conseil de guerre permanent.

Loi du 13 Brumaire an 5, art. 24.

122. Les séances du conseil de guerre permanent sont publiques, mais le nombre des spectateurs peut être limité par le président au triple de celui des juges.

123. Nul ne peut y entrer avec armes, cannes ni bâtons; on doit s'y tenir la tête découverte et en silence.

124. Les séances cessent d'être publiques pendant que le conseil délibère sur la culpabilité et sur l'application de la peine; elles redeviennent publiques pour le prononcé du jugement.

Loi du 13 Brumaire an 5, art. 29 et 34.

125. Le conseil une fois assemblé, ne peut plus désemparer que les prévenus ne soient jugés ou renvoyés devant un autre tribunal, s'il y a lieu.

Ibidem, art. 23.

126. Dans les affaires d'une longueur et d'une complication extraordinaires, il est pourtant dérogé à cette injonction de la loi, en se conformant toutefois à des règles que l'usage et des décisions ministérielles ont établies.

127. Le conseil peut ordonner qu'il soit sursis au jugement pour plus ample informé, soit sur la demande de l'accusé, soit sur la réquisition des commissaire du Roi et rapporteur; mais alors cette question incidente doit être posée, le cas échéant, par le président, et résolue affirmativemant par le conseil.

Décret du 18 Prairial an 2, art. 9, et circulaire ministérielle du 28 Février 1832; arrêté du 19 Vendémiaire an 12, tit. 3, art. 31.

128. L'accusé paraît à l'audience libre et sans fers, accompagné de son défenseur officieux; l'escorte restera en dehors de la salle du conseil, ou elle y sera introduite si le président l'ordonne.

Loi du 13 Brumaire an 5, art. 26.

129. Si la partie plaignante se présente au conseil, elle y sera entendue; l'accusé ou son défenseur pourront répondre aux observations qu'elle fera.

130. Lorsque l'accusé et son défenseur, interpellés par le président, auront déclaré que la défense est complète, l'accusé sera reconduit par son escorte.

Ibidem, art. 28.

131. Le conseil de guerre peut décider que les débats auront lieu à huis-clos, toutes les fois que la morale publique ou la discipline militaire pourrait recevoir une grande atteinte de leur publicité.

Ordre des opérations du Conseil de guerre permanent.

132. Réception de la plainte, audition des témoins, interrogatoire de l'accusé par le rapporteur, convocation du conseil par le commandant de la division, débats, lecture des pièces, interrogatoire de l'accusé, audition des témoins appelés aux débats, faits par le président, résumé du rapporteur, plaidoyer du défenseur, observations de l'accusé, s'il y a lieu.

Délibération à huis-clos, positions des questions relatives à la culpabilité, réquisitoire du commissaire du Roi, position des questions pour l'application de la peine, prononcé du jugement.

CHAPITRE II.

Crimes et délits militaires. — Peines. — Exécution du jugement.

133. Tout attentat contre la sûreté, la propriété et la vie des personnes, tout détournement de deniers ou effets appartenant à l'État; toute atteinte grave à la subordination militaire, aux lois qui régissent l'armée, commis par les militaires, ou réputés tels, sont des crimes ou des délits militaires.

134. Le crime entraîne toujours après lui peine afflictive et infamante.

135. Le délit entraîne peine correctionnelle seulement. Ainsi, la pénalité militaire doit compter au nombre des crimes toutes les contraventions qui

encourent les peines de mort, des fers et de la réclusion; toutes les autres contraventions sont des délits.

On qualifie d'accusé le militaire qui a commis
un crime; de prévenu, le coupable d'un délit : le
prévenu d'un délit absent, et que la justice n'a pu
saisir, doit être jugé par défaut; l'accusé d'un crime
doit être jugé par contumace, bien entendu lorsque ces crimes et délits sont autres que la désertion.

Manuel des Conseils de guerre, pages 213, 218, 219. — Loi du 3 Pluviôse an 2, titre 13, art. 14, 15 et 16.

D'après la signification grammaticale des mots,
contumace signifie rebelle à la loi; et être jugé en
simple état d'absence, suffit pour que le prévenu
soit considéré comme jugé par défaut.

Les jugemens par contumace, quoique prescrits
par la loi du 3 Pluviôse an 2, ne s'exécutent plus
par désuétude, à cause des difficultés qu'en présente l'exécution; les jugemens par défaut ne s'exécutent pas davantage depuis un long laps de temps.
Nous ne parlons des uns et des autres que pour
traiter, autant que possible, toutes les questions
de jurisprudence militaire.

136. Nous diviserons les crimes et délits militaires en trois catégories : 1.º les délits particuliers
aux officiers;

2.º Crimes et délits qui se commettent le plus
communément dans l'armée par tous les militaires,
soit en guerre, soit en paix;

3.º Crimes et délits communs à tous les justiciables des conseils de guerre, qui se commettent rare-
ment dans ces deux circonstances.

137. Les délits particuliers aux officiers, sont :
les absences illégales en France, les absences illégales à l'étranger. Pour tous les autres crimes ou délits, ils rentrent dans le droit commun à tous les militaires.

Loi sur l'état des offi-ciers, du 19 Mai 1834.

138. Les crimes et délits communs à tous les militaires qui amènent le plus fréquemment des prévenus devant les conseils de guerre, sont : la désertion, l'insoumission, le vol avec toutes ses circonstances, l'insubordination, la rebellion contre la force publique, les blessures occasionnant plus de vingt jours d'incapacité de travail, les ventes d'effets, d'habillement, armement, grand et petit équipement, la dissipation des susdits effets.

139. Nous entrerons dans tous les détails nécessaires, relativement aux crimes et délits de ces deux catégories, ainsi que relativement à certains crimes et délits qui forment une catégorie à part, savoir : ceux commis par les réfractaires, la récidive, après grâce ou amnistie; ceux commis par les condamnés, subissant leur peine aux ateliers de travaux forcés, de boulets, aux bagnes, dans les maisons de détention.

140. Quant aux crimes et délits de la troisième catégorie, nous en donnerons une nomenclature dans le tableau n.º 3, annexé à la page 54.

Arrêté du 17 Messidor an 12; avis du Conseil d'état du 4 Janvier 1806.

141. Par une exception toute spéciale, le crime de faux et les délits de chasse, même commis par des militaires, sont du ressort des tribunaux ordinaires.

Ordonnance royale du 21 Février 1816.

142. Les lois antérieures avaient établi des conseils de guerre spéciaux pour connaître de la désertion; mais l'ordonnance royale du 21 Février 1816 restitue la connaissance de ce délit aux conseils de guerre permanens, dispose que ces conseils appliqueront aux déserteurs, aux évadés des travaux publics ou du boulet, aux condamnés subissant leur peine dans ces ateliers qui se rendent

coupables de délits graves dans lesdits ateliers,
les peines spécifiées par l'arrêté du 19 Vendémiaire
an 12, par l'avis du conseil d'état du 22 Ventôse
an 12, par les décrets des 8 Nivôse, 23 Ventôse et
8 Fructidor an 13; 8 Vendémiaire an 14, 16 Février 1807, 23 Novembre 1811, 2 Février 1812,
et 5 Avril 1813. A l'exception de la peine de l'amende de 1,500 fr., qui doit être remplacée par la
condamnation aux frais, en conformité de la loi du
18 Germinal an 7, sont maintenus les art. 4, 5,
6, 7, 9, 10, 11 et 12 de l'arrêté du 19 Vendémiaire an 12.

Absences illégales en France des Officiers.

143. Indépendamment des cas prévus par les autres lois en vigueur, la destitution sera prononcée par jugement d'un conseil de guerre contre tout officier en activité, pour absence illégale de son corps, après trois mois.

Loi sur l'état des officiers, du 19 Mai 1834, tit. 1.er, art. 6, § 1.er

Absences illégales à l'étranger.

144. La destitution sera également prononcée à l'égard de tout officier en activité, pour résidence hors du royaume sans l'autorisation du Roi, après quinze jours d'absence.

Ibidem, art. 6, § 2.

De la Désertion.

145. Est réputé déserteur en temps de guerre, tout sous-officier ou soldat qui a abandonné son corps sans permission, et en est absent pendant vingt-quatre heures; s'il est parti de l'armée ou d'une place de guerre, ou s'il en est absent depuis quarante-huit heures; s'il est parti d'une garnison de l'intérieur autre qu'une ville de guerre; tout

Acte du gouvernement du 13 Vendémiaire an 12, art. 73 et 74, décret du 8 Fructidor an 13; décret du 16 Février 1807.

sous-officier ou soldat qui, à l'expiration de son congé, l'a dépassé de huit jours, sans pouvoir justifier des causes légitimes de son absence; tout enrôlé volontaire qui, dans les délais prescrits, n'aura pas rejoint le corps pour lequel il était destiné; tout jeune soldat appelé légalement sous les drapeaux, qui, sans empêchement légitime, ne se sera pas rendu à sa destination au jour fixé dans l'ordre ou feuille de route.

146. Il existe une disposition particulière pour les canonniers gardes-côtes; ces hommes sont considérés déserteurs, par le seul fait de changer de résidence sans l'autorisation de leur chef.

Décret du 22 Septembre 1790, art. 3; décret du 5 Avril 1813, art. 35; loi du 22 Mars 1831, sect. 4, art. 161.

Arrêté du 19 Vendémiaire an 12, art. 74.

147. Le soldat de la garde nationale qui déserte devant l'ennemi, est passible des peines encourues par les autres militaires de l'armée.

148. Est réputé déserteur en temps de paix, tout sous-officier ou soldat qui, ayant plus de six mois de service, a abandonné son corps depuis trois fois vingt-quatre heures, dans un camp ou dans une place de première ligne, et depuis huit jours dans tout autre lieu, ou qui a dépassé de quinze jours la durée de son congé.

149. Le jeune soldat qui a moins de six mois de service, est déserteur après quinze jours d'absence, lorsqu'il est parti d'un camp ou d'une place de première ligne, et après un mois d'absence lorsqu'il est parti de tout autre lieu.

150. L'homme ayant moins de six mois de service, qui ne rejoint pas à l'expiration d'un congé, n'est déclaré déserteur qu'après un mois d'absence illégale, à dater de l'expiration de ce congé.

151. Si la désertion n'a pas été individuelle, si

le déserteur était de service, ou s'il a emporté son habit, il ne peut bénéficier d'aucun délai de repentir, quand même il n'aurait pas six mois de service.

152. Aucune autre circonstance aggravante de la désertion ne peut priver le prévenu de jouir des délais de repentir accordés par la loi.

Ordonnance du 22 Avril 1818.

La désertion d'une place de première ligne étant une circonstance aggravante, nous donnons ci-joint, sous le n.° 2, le tableau des places de première ligne, fixé par la circulaire ministérielle du 12 Août 1825.

153. Le déserteur à l'intérieur encourt la peine de trois ans de travaux publics, même lorsque la désertion a été individuelle.

Loi du 19 Vendémiaire an 12, art. 72.

154. La désertion de l'armée ou d'une place de première ligne étant de service, ou par-dessus le rempart, avec effets de l'État ou du corps, est punie de cinq ans de travaux publics;

Ibidem.

155. Celle d'un suppléant, de cinq ans de boulet, celle des travaux publics; celle à l'étranger, de dix ans de boulet;

Lois du 8 Fructidor an 13, art. 58, 19 Vendémiaire an 12, art. 69.

156. Celle avec effets de camarades, de la réclusion;

Loi du 15 Juillet 1829, art. 1 et 7 combinés.

Celle avec armes à feu ou armes blanches confiées pour le service, un an d'aggravation de la peine encourue pour le fait de désertion;

Ibidem, art. 8.

Celle à l'ennemi, à l'étranger, avec récidive, après grâce, d'un chef de complot, étant en faction, est punie de la peine de mort.

Loi du 19 Vendémiaire an 12, art. 67.

157. La peine sera élevée au maximum, lorsque le sous-officier ou soldat aura emporté, en déser-

Loi du 15 Juillet 1829, art. 8, paragraphe 2.

tant, l'arme ou les armes à feu, ou emmené le cheval à lui confié pour son service.

Solution du Comité de la guerre, 3 Nov. 1834.

158. La prescription n'est pas applicable au délit de désertion.

Ordonnance du 21 Février 1816.

159. Les déserteurs ne peuvent être jugés par contumace.

Loi du 22 Messidor an 4 ; loi du 24 Brumaire an 6, art. 4.

160. Les recéleurs des déserteurs doivent être traduits en police correctionnelle, et pourront être condamnés à un emprisonnement d'un an, et à une amende qui ne pourra être moindre de 300 fr., ni excéder 3,000 fr. Si le déserteur a été recélé avec armes et bagages, l'emprisonnement sera de deux ans.

Loi du 15 Juillet 1829, art. 7.

161. Tout militaire qui ayant emporté, en désertant, des effets ou des armes, ou emmené un cheval à lui fourni par l'état, ne le représentera pas, sera, dans le cas où il serait acquitté du fait de désertion, condamné à l'une des peines portées aux art. 3, 4, 5 et 6 de la loi du 15 Juillet 1829, selon le délit dont il se sera rendu coupable.

Ordonnance royale du 23 Janvier 1832.

162. Les lieutenans-généraux commandant les divisions militaires ont pouvoir pour statuer définitivement sur la mise en jugement des déserteurs, ou sur leur renvoi immédiat à la discipline de leur corps.

TABLEAU N.º 2.

TABLEAU DES PLACES DE GUERRE ET FORTS DE 1.ᵉ LIGNÉ.

(Ordonnance du 1.ᵉʳ Août 1821).

2.ᵉ DIVISION MILITAIRE

Charlemont-les-Givet.
Rocroy.
Mézières.
Donchéry.
Sédan et Château.
Montmédy.
Carignan.

3.ᵉ DIVISION.

Longwy.
Sierck.
Thionville.
Bitche.

5.ᵉ DIVISION.

Strasbourg.
Weissembourg.
Lauterbourg.
Drusenheim.
Haguenau.
Schelestadt.
Neubrisach et fort Mortier.
Belfort.

6.ᵉ DIVISION.

Château de Joux.
Blamont.
Fort l'Écluse.
Pierre-Châtel.
Montbéliard.

7.ᵉ DIVISION.

Fort Barrault.
Colmar.
Briançon.
Queyras.
Mont-Dauphin.

8.ᵉ DIVISION.

Entrevaux.
Antibes et fort Carré.

Isles Ste. Marguerite.
St.-Tropez.
Fort de Bregançon.
Isles d'Hières.
Toulon et ses forts.
Forts St.-Nicolas et St.-Jean
    et la Garde, à Marseille.
Château d'If.
Tour de Bouc.

9.ᵉ DIVISION.

Aiguesmortes.
Fort Peccais.
Tour de Silveréas.
Fort de Cette.
Tour du grand Agde.
Agde.
Fort Brescou.

10.ᵉ DIVISION.

Narbonne.
Tour de la Nouvelle.
Château de Salces.
Perpignan.
Collioure.
Fort St.-Elme.
Redoute de Port-Vendre.
Pratz de Mollo.
Bellegarde.
Mont-Louis.
Château de Lourdes.

11.ᵉ DIVISION.

St.-Jean Pied de Port.
Port de Souvie.
Bayonne.
Blaye.
Fort Médoc.
Fort Pâté.
Redoute de la Pointe de Grave

12.ᵉ DIVISION.

Redoute de Royan.

Oleron.
Fort Chapus.
Isle d'Aix.
Rochefort.
La Rochelle et Fort Saint-
    Louis.
Isle de Ré.
Fort St.-Nicolas des Sables
    d'Olonne.
Isle Dieu.
Isle Noirmoutiers.
Isle du Pilier.
Fort Minden.
Fort St.-Nazaire.
Isle Madame.
Isle d'Enet.
Fort Lupin.
Fort de la Pointe Fouras.
Fort de Quille.

13.ᵉ DIVISION.

Belle-Isle en Mer.
Fort Penthièvre (Quiberon)
Lorient.
Fort Louis.
Isle de Groix.
Fort Cigogne (île de Gle-
    nant).
Concarneau.
Presqu'île de Quelerne.
Brest, ses forts, lignes et
    batteries dépendans de la
    place, le port et la rade.
Château Bertheaume.
Tour Touringuet et Creuch-
    meur.
Fort Céson.
Château du Taureau.
Isle aux Moines.
St.-Malo et forts.
Forts des Rimains.

14.ᵉ DIVISION.

Granville.

Suite DES PLACES DE GUERRE ET FORTS DE 1.re LIGNE.

Cherbourg et forts.	Gravelines.	Bastia.
La rade de Cherbourg.	Boulogne et forts.	Calvi.
La Hougue.	Montreuil.	Isle Rousse.
Isle Tahitou.	Dunkerque.	Ajaccio.
Isle St.-Marcouf.	Fort Louis.	Porto-Vecchio.
Château de Caen.	Bergues.	Bonifacio.
	Fort Français.	Algayola.
15.e DIVISION.	Lille.	
	Condé.	
Le Hâvre.	Valenciennes.	
Dieppe et son château.	Maubeuge.	
Abbeville.	Lequesnoy.	
	Avesnes.	
16.e DIVISION.	**17.e DIVISION.**	
Calais et fort Nieulais.	St.-Florent.	

De l'Insoumission.

Décision du 18 Août 1826.

163. Les jeunes soldats qui n'obéissent pas à l'ordre d'appel ou de départ qui leur est donné, et même ceux qui ayant reçu des certificats provisoires de renvoi, ne se présentent pas, lorsque l'injonction leur en a été faite, devant l'inspecteur-général chargé de prononcer définitivement sur leur aptitude, sont considérés comme insoumis après un mois de délai, et poursuivis comme déserteurs.

Solution donnée le 3 Novembre 1824, et avis du Conseil d'état des 31 Janvier et 11 Octobre 1827.

164. La circonstance de la libération d'une classe n'a point d'effet pour ceux de cette classe qui n'ont pas satisfait à la loi; les jeunes soldats, dans ce cas, doivent être recherchés comme insoumis; et s'ils venaient à être acquittés par le conseil de guerre, l'autorité militaire doit les astreindre à satisfaire à la loi, sans égard pour la circonstance de la libération de leur classe.

Solution du Comité de la guerre, du 3 Novembre 1824.

165. De même que, pour la désertion, la pres-

cription n'existe pas pour l'insoumission, il en est
de même du jugement par contumace.

166. Tout individu prévenu d'avoir recélé un
insoumis (réquisitionnaire), sera traduit en police
correctionnelle.

Loi du 24 Brumaire an 6, art. 4.

167. Tout jeune soldat convaincu d'insoumission, peut être condamné à un an de prison au
plus, et un mois au moins, et même, en vertu de
l'art. 46 de la loi de recrutement et de l'art. 463 du
Code pénal combinés, la peine d'emprisonnement
peut être réduite même au-dessous de six jours,
s'il existe en faveur de l'insoumis des circonstances
atténuantes, au nombre desquelles il faut compter
le repentir et la bonne volonté de celui qui se sera
représenté de lui-même; car il est évidemment bien
moins coupable que celui qui persiste dans son insoumission jusqu'à ce qu'il soit arrêté par la force
publique.

Loi du 21 Mars 1832, et circulaire ministérielle du 29 Avril 1833.

Le temps pendant lequel le jeune soldat aura été
insoumis ne compte pas en déduction des sept années de service, s'il est condamné pour le fait d'insoumission.

168. Les recéleurs de jeunes soldats insoumis,
ou ceux qui les prennent à leur service, sont punis
d'un emprisonnement qui ne peut excéder six mois.
Selon les circonstances, la peine pourra être réduite à une amende de 20 à 200 fr. Quiconque
sera convaincu d'avoir favorisé l'évasion d'un insoumis, sera puni d'un emprisonnement d'un mois à
un an. La même peine sera prononcée contre ceux
qui, par des manœuvres coupables, auraient em-
pêché ou retardé le départ des jeunes soldats.

Loi du 21 Mars 1832, art. 40.

169. Si le délinquant est fonctionnaire public,
employé du Gouvernement ou ministre d'un culte

Loi du 21 Mars 1832, art. 40 et 41.

salarié par l'État, la peine pourra être portée jusqu'à deux années d'emprisonnement, et il sera en outre condamné à une amende qui ne pourra excéder 2,000 fr.

Loi du 22 Messidor an 4, Code pénal de 1810, art. 59, 60, 61 et 62.

170. Il est une classe particulière d'insoumis, ceux pris les armes à la main dans la Vendée, ou dans des départemens insurgés, et que l'on a qualifiés de réfractaires, à l'égard desquels notre législation militaire actuelle se tait. L'usage suivi jusqu'à présent a été de les traduire devant les cours d'assises, conformément aux dispositions de la loi qui veulent que, lorsque parmi les complices d'un même crime ou délit se trouvent des individus militaires et d'autres non militaires, les uns et les autres soient traduits devant les tribunaux ordinaires. Espérons que la pacification entière de ce beau et malheureux pays permettra enfin bientôt de cesser de faire de ce cas, tout particulier aux circonstances actuelles, une exception à la règle.

171. Les jeunes gens appelés à faire partie du contingent de leur classe, prévenus de s'être rendus impropres au service, soit temporairement, soit à toujours, sont déférés aux tribunaux par les conseils de révision ; ceux reconnus coupables, sont punis d'un emprisonnement d'un mois à un an ; ceux convaincus d'avoir commis le même délit dans l'intervalle de la clôture du contingent de leur canton à leur mise en activité, sont punis de la même peine.

172. A l'expiration de leur peine, les uns et les autres sont à la disposition du Ministre de la guerre pendant tout le temps que doit à l'État la classe dont ils font partie. Les complices de tous les délits ci-détaillés sont passibles de la même peine que les

coupables; si les complices sont médecins ou chi-rurgiens, officiers de santé ou pharmaciens, l'emprisonnement est de deux mois à deux ans, indépendamment d'une amende de 200 fr. à 1,000 fr., et sans préjudice des peines plus graves dans les cas prévus par le Code pénal.

173. Le temps passé en détention ne peut compter pour le temps de service exigé par la loi.

Quiconque concourt sciemment à une substitution ou à un remplacement frauduleux, encourt de trois mois à deux ans de prison, sans préjudice de peines plus graves en cas de faux. Les médecins, chirurgiens ou officiers de santé appelés au conseil de révision, en vertu de la loi du 21 Mars 1832, qui auront prévariqué en matière de recrutement, seront punis d'un emprisonnement de deux mois à un an.

174. Dans tous les cas non prévus par la loi du 21 Mars 1832, les tribunaux civils et militaires, dans les limites de leur compétence, appliqueront les lois pénales ordinaires aux délits auxquels pourra donner lieu l'exécution du mode de recrutement prescrit par ladite loi.

175. Pour les délits militaires, les juges pourront user de la faculté énoncée en l'art. 595 du Code d'instruction criminelle.

Du Vol.

176. Le vol des armes et des munitions appartenant à l'État, celui de l'argent de l'ordinaire, celui de la solde, celui des deniers ou effets quelconques appartenant à des militaires ou à l'État, commis par des militaires qui en sont comptables,

Loi du 21 Mars 1832, art. 42, 43 et 45.

Ibidem, art. 45 et 46.

Loi du 15 Juillet 1829, art. 1.er

sera puni des travaux forcés à temps ; en cas de circonstances atténuantes, la peine pourra être réduite, soit à la réclusion, soit à un emprisonnement de trois à cinq ans.

Loi du 15 Juillet 1829, art. 1.er.

177. Si le vol a été commis par des militaires qui n'étaient pas comptables de deniers ou effets, la peine sera celle de la réclusion ; et en cas de circonstances atténuantes, elle pourra être réduite à un emprisonnement d'un à cinq ans.

Ibidem, art. 2.

178. Tout militaire qui aura emporté tout ou partie de l'argent de l'ordinaire ou de la solde, ou bien des deniers, des armes, ou emmené un cheval ou des chevaux appartenant à un militaire ou à l'État, mais qui ne lui étaient pas confiés pour son service, sera condamné à l'une des peines portées en l'article précédent, suivant les circonstances prévues par ledit article.

179. Si le militaire mis en jugement a été déclaré en outre coupable de désertion, les peines spécifiées en l'art. 176 ne pourront jamais être réduites à celles de l'emprisonnement.

Loi du 12 Mai 1793, art. 16 et 17.

180. Tout militaire ou tout autre individu attaché à l'armée, qui sera convaincu d'avoir volé les personnes chez lesquelles il était logé, sera puni de dix ans de fers ; s'il est convaincu d'avoir pris, par fraude et sans payer, à boire et à manger chez un habitant, soit en route, soit en garnison ou cantonnement, il sera puni de trois mois de prison ; de six mois de prison, si le délit a été accompagné de menaces, et de deux ans de fers, s'il y a eu voie de fait.

De l'Insubordination.

Loi du 21 Brumaire an 5, tit. 8, art. 15.

181. Tout militaire convaincu d'avoir insulté

ou menacé son supérieur, de propos ou de gestes, sera puni de cinq ans de fers.

182. S'il s'est permis des voies de fait à l'égard du supérieur, il sera puni de mort.

183. Tout militaire qui, hors le cas de défense naturelle, et ceux de ralliement des fuyards devant l'ennemi, ou de dépouillement des morts et blessés sur le champ de bataille, sera convaincu. d'avoir frappé son subordonné, sera destitué de son grade, puni d'un an de prison, et déclaré incapable de servir dans l'armée.

184. Si la mort résulte des mauvais traitemens, le coupable sera puni de mort.

185. En vertu des dispositions prescrites par la circulaire ministérielle du 6 Octobre 1830, il doit être sursis à l'exécution de tout jugement prononçant la peine des fers pour insubordination. (Voir cette circulaire pour les dispositions qu'elle prescrit à cet égard).

De la rebellion contre la force publique.

186. La rebellion avec armes contre la force publique, commise par une ou deux personnes, est punie d'un emprisonnement de six mois à deux ans.

187. La même rebellion sans armes, est punie de six jours à six mois de prison.

188. Dans tous les cas où il sera prononcé, pour fait de rebellion, une simple peine d'emprisonnement, les coupables pourront être condamnés en outre à une amende de 16 fr. à 200 fr.

189. L'outrage fait par paroles, gestes ou menaces, dirigé contre un commandant de la force

Loi du 21 Brumaire an 5, art. 15.

Ibidem, art. 16.

Code pénal de 1810, § 4, art. 212 et 218.

Ibidem, art. 225 et 230.

publique, est puni de six jours à un mois de prison.

190. Les violences contre un agent de la force publique, pendant l'exercice de ses fonctions, sont punies d'un mois à six mois d'emprisonnement.

191. Si ces violences ont causé effusion de sang, blessures ou maladie, la peine sera celle de la réclusion.

192. Les coups portés à un agent de la force publique, même non suivis d'effusion de sang, blessure ou maladie, s'ils sont la suite de guet-à-pens ou de préméditation, sont punis de la réclusion.

193. Si les coups ou violences ci-dessus qualifiées causent la mort, elles sont punies de mort.

Blessures et Coups.

194. Sera puni de la peine de la réclusion, tout individu qui aura fait des blessures ou porté des coups, s'il est résulté de ces actes de violence une maladie ou incapacité de travail personnel pendant plus de vingt jours.

195. Si les coups ou blessures ont été portés avec guet-à-pens ou préméditation, la peine sera celle des travaux forcés à temps.

196. Lorsque les blessures ou les coups n'auront pas occasionné de maladie ou d'incapacité personnelle pendant plus de vingt jours, le coupable sera puni d'un mois à deux ans d'emprisonnement, et d'une amende de 16 fr. à 200 fr.

197. S'il y a eu préméditation ou guet-à-pens, l'emprisonnement sera de deux ans à cinq ans, et l'amende de 50 fr. à 500 fr.

Des ventes, mise en gage et dissipation d'effets militaires.

198. Tout militaire qui aura vendu, soit le cheval, soit tout ou partie des effets d'armement, d'équipement ou d'habillement qui lui auront été fournis par l'État, sera puni de deux ans à cinq ans de travaux publics.

199. Sera puni de la même peine, tout militaire qui aura acheté lesdits effets.

200. Tout militaire qui aura détourné ou dissipé des effets d'armement, d'équipement ou d'habillement qui lui étaient confiés pour son service, sera puni de six mois à deux ans de prison.

201. Tout militaire qui aura mis en gage, en tout ou en partie, les effets d'armement, d'équipement ou d'habillement à lui fournis par l'État, sera puni de deux mois à un an de prison.

202. Sera puni de la même peine, tout militaire qui aura reçu en gage lesdits effets.

203. Tout militaire qui vendra ou mettra en gage, en tout ou en partie, ses effets de petit équipement, sera puni de deux mois à un an de prison.

204. Sera puni de la même peine tout militaire qui, sciemment, achètera ou recevra en gage lesdits effets.

205. Les délits de bris, dégradation, lacération d'effets fournis par le corps ou par l'État, d'effets de casernement confiés pour le service, rendent le coupable passible d'un conseil de guerre, et non d'un conseil de discipline, comme on l'a cru quelquefois mal-à-propos. Ces délits sont réputés dis-

Loi du 15 Juillet 1829, art. 3.

Ibidem.

Ibidem, art. 4 et 5.

Ibidem, art. 6.

Jurisprudence consacrée par une saine interprétation et grand nombre de jugemens confirmés.

sipations d'effets confiés par l'État, et punis comme tels suivant les cas.

Loi du 29 Mars 1806, art. 1, 2 et 3.
Guide des Juges Militaires, édition de 1813, page 405.
Code pénal de 1810, art. 257.

206. Les lois qui ont pour but la conservation des domaines nationaux, des eaux et forêts, édifices et établissemens publics, seront applicables à la conservation des fortifications et de leurs dépendances, des casernes, hôpitaux, magasins, arsenaux, et en général de tout ce qui constitue le domaine militaire de l'État dans les places de guerre et les garnisons de l'intérieur.

207. Les gardes du génie seront, pour l'exécution du précédent article, assimilés aux gardes forestiers et champêtres, et autres agens conservateurs. (*Code d'instruction criminelle, article* 9, *paragraphe* 2). Leurs procès-verbaux feront foi auprès de toutes les autorités jusqu'à inscription de faux. Les procureurs du Roi sont chargés, sur leur responsabilité personnelle, de poursuivre au nom du Gouvernement, par voie de police correctionnelle et sans préjudice de poursuites extraordinaires, s'il y a lieu, la réparation des délits constatés par ces procès-verbaux, sur la simple transmission qui leur en sera faite par le directeur des fortifications.

208. Tous les procès-verbaux que les gardes du génie dresseront, dans les cas prévus par l'article précédent, relateront, afin d'être admis en justice, la date du jour et du lieu d'enregistrement et de la prestation du serment; ces procès-verbaux seront visés pour timbre et enregistrés en débet, ainsi que les actes et jugemens qui interviendront sur lesdits procès-verbaux, et conformément à la loi du 3 Bru-

maire an 7 et à l'art. 70, paragraphe 1.er, n.ºs 4
et 5 du tit. 2 de celle du 22 Frimaire suivant.

209. Quiconque aura détruit, abattu, mutilé
ou dégradé des monumens, statues et autres objets destinés à l'utilité ou à la décoration publique,
et élevés par l'autorité publique ou avec son autorisation, sera puni d'un emprisonnement d'un mois
à deux ans, et d'une amende de 100 fr. à 500 fr.

Cinq Codes, édition de 1817, page 802, art. 257.

De la Récidive.

210. Quiconque ayant été condamné pour crime
ou délit, aura commis un second crime ou délit,
sera puni de la peine immédiatement la plus forte
dans l'échelle des peines, après celle à laquelle il
aura été condamné comme coupable du premier
crime ou délit.

Code pénal, art. 56 57 et 58.

211. Tout sous-officier ou soldat qui, après
avoir obtenu grâce pour crime de désertion, ne se
rendra pas au corps qui lui aura été assigné, ou qui
en désertera après s'y être rendu, sera puni de
mort.

Décret du 23 Novembre 1811, art. 1.er

Des crimes et délits commis par les militaires condamnés subissant leur peine.

212. Tout condamné au boulet qui s'évadera,
sera condamné par le conseil de guerre permanent,
soit à une détention double de celle qu'il devait
subir, soit à traîner deux boulets pendant tout le
temps de sa détention.

Arrêté du 19 Vendémiaire an 12, art. 50, § 5.

213. Les peines de discipline et de police seront
prononcées contre les condamnés au boulet, par le
commandant de la place, d'après une instruction
dressée par le Ministre de la guerre.

Arrêté du 19 Vendémiaire an 12, art. 51, § 5.

214. Pour les délits grav   qu'ils pourront commettre, ils seront condamnés   r le conseil de guerre permanent, suivant la nature et la gravité du délit, soit à la mort, soit à une plus longue détention, soit au double boulet pendant un temps déterminé.

215. Toutes les fois qu'un condamné au boulet aura été condamné, soit au double boulet, soit à une plus longue détention, il lui sera fait par son jugement défense, sous peine de deux ans de fers, de fixer sa résidence, lorsqu'il aura été mis en liberté, à moins de vingt lieues de la ville où siège le Gouvernement. Cette peine lui sera infligée par le conseil de guerre devant lequel il sera traduit.

216. Les peines de discipline et police seront prononcées contre les condamnés aux travaux publics par le maréchal-des-logis de gendarmerie, chargé de la surveillance de l'atelier, et ce, d'après une instruction dressée par le Ministre de la guerre.

Ibidem, art. 55.

217. Pour les délits graves, ils seront traduits devant le conseil de guerre permanent, qui les condamnera, suivant la nature et la gravité du délit, soit à la mort, soit à la peine du boulet, pendant un temps qui ne pourra excéder dix ans, soit à une prolongation de la peine des travaux publics.

Manuel des Conseils de guerre, page 123.
Arrêt de la Cour de cassation, du 3 Mars 1831.

218. Tout militaire condamné à la réclusion et à la détention, subissant sa peine dans une maison de réclusion ou de détention, sera, pendant tout le temps qu'il subira sa peine, passible d'un conseil de guerre permanent pour les crimes et délits dont il se rendra coupable.

Durée des Peines.

Arrêté du 19 Vendémiaire an 12, art. 70.

219. La durée de la peine du boulet sera tou-

jours de *dix ans*, et sera augmentée de deux ans pour chacune des circonstances suivantes : 1.º en cas de désertion, si la désertion n'a pas été individuelle; 2.º si le déserteur était d'un service quelconque, ou s'il a escaladé les remparts; 3.º s'il a déserté de l'armée ou d'une place de première ligne.

La durée de la peine du boulet sera augmentée d'un an, si le déserteur a emporté en désertant son arme, ou ses armes blanches, ou celles qui lui étaient confiées pour son service.

Loi du 15 Juillet 1829; art. 8.

220. La durée de la peine de la réclusion sera de cinq ans au moins et de dix ans au plus.

Code pénal, art. 21, § 2.

221. La condamnation à la peine des travaux publics à temps (fers) sera prononcée pour cinq ans au moins et vingt ans au plus.

Ibidem, art. 19.

222. La peine des travaux publics sera toujours de *trois ans*; mais elle sera augmentée de deux ans pour chacune des circonstances suivantes : 1.º en cas de désertion, si la désertion n'a pas été individuelle; 2.º si le déserteur était d'un service quelconque, ou s'il a escaladé les remparts; 3.º s'il a déserté d'une place de première ligne ou de l'armée; 4.º s'il a emporté des effets fournis par l'Etat ou par le corps.

Arrêté du 19 Vendémiaire an 12, art. 72.

223. La peine de l'emprisonnement sera au moins de six jours et de cinq années au plus, sauf les cas de récidive et autres où la loi aura déterminé d'autres limites. La peine à un jour d'emprisonnement est de vingt-quatre heures, celle à un mois est de trente jours.

Code pénal, art. 40, § 2, 3 et 4.

TABLEAU N.º 3.

NOMENCLATURE DES DÉLITS MILITAIRES DE LA 3.ᵉ CATÉGORIE.

CRIMES ET DÉLITS.	PEINES.	DATES et ARTICLES DE LA LOI.	PAGES DU GUIDA DES JUGES MILIT.ʳᵉˢ 4dition 1831.
Abandon de son poste pour songer à sa propre sûreté..........	Mort..........	21 Brumaire, 5-4.	82.
Idem pour piller	Fers cinq ans	12 Mai 1793, 4.	56.
Abandon de voitures	Mort..........	27 Juillet 1793, 5.	59.
Abattage et débit d'animaux contagieux	Fers vingt ans	21 Brumaire, 5-8.	94.
Absence à la générale......	Prison un mois	d.º d.º 5-1.	95.
Dito avec récidive..........	Prison six mois	d.º d.º d.º	95.
Dito pour la 5.ᵉ fois.......	Fers deux ans	d.º d.º d.º	95.
Dito avec récidive lorsque l'on marche à l'ennemi..	Fers deux ans..........	d.º d.º d.º	95.
Assassinat	Mort..........	12 Mai 1793, 18.	56.
Attentat à la vie..........	Mort	21 Brumaire, 5-4.	87.
Attentat à la liberté ou à la sûreté..........	Prison six mois..........	12 Mai 1793, 18.	56.
Dito avec vol ou voie de fait.	Fers deux ans	d.º d.º d.º	56.
Dito avec assassinat........	Mort..........	d.º d.º d.º	56.
Attroupement (auteur d')	Mort..........	21 Brumaire, 5-9.	96.
Avariées (réception de denrées)..........	Prison un an..........	12 Mai 1793, 4...	54.
Bons (falsification de faux)	Fers cinq ans	12 Mai 1793, 5...	54.
Changement de consigne devant l'ennemi..........	Prison six mois	21 Brumaire, 5-12.	98.
Clameurs séditieuses.......	Mort	d.º d.º 2.	83.
Complicité..........	Même peine que le crime.....	d.º d.º 19.	100.
Congé falsifié	Fers cinq ans	12 Mai 1793, 19.	57.
Connivence d'un commissaire des guerres pour vol..........	Fers cinq ans..........	21 Brumaire, 5-2.	92.
Dito d'un administrateur pour désertion	Prison deux ans..........	24 Brumaire, 6-1.	38.
Consigne changée près l'ennemi sans rendre compte	Prison six mois..........	21 Brumaire 5-12.	98.
Consigne fausse compromettant la sûreté	Mort	21 Brumaire, 5-2.	83.
Dito forcée	Fers dix ans	d.º d.º 13.	98.
Dito non-exécutée près de l'ennemi..........	Fers deux ans	d.º d.º 11.	98.
Correspondance illégale avec l'ennemi..........	Mort	d.º d.º 2.	84.
Dépouillement d'un mort sans ordre	Fers cinq ans..........	21 Brumaire, 5-5.	87.
Dito d'un vivant..........	Fers dix ans..........	d.º d.º 6.	87.

Suite DE LA NOMENCLATURE DES DÉLITS MILITAIRES DE LA 3.ᵉ CATÉGORIE.

CRIMES ET DÉLITS.	PEINES.	DATES et ARTICLES DE LA LOI.	PAGES DU GUIDE DES JUGES MILIT. et édit. 1831.
Dépouillement par un vivandier	Fers vingt ans	21 Brumaire 5, 6.	88.
Dito avec mutilation ou assassinat	Mort	d.º d.º 7.	88.
Désobéissance combinée	Mort	d.º d.º 5.	96.
Désobéissance combinée des habitans du pays ennemi	Mort	d.º d.º 4.	96.
Désobéissance d'une troupe (chefs)	Fers dix ans	d.º d.º 6 et 8.	97.
Désobéissance devant l'ennemi	Mort	21 Brumaire, 5-9.	97.
Distraction d'objets de service par un munitionnaire	Fers cinq ans	d.º d.º 5-4.	93.
Idem par un garde-magasin	Fers cinq ans	d.º d.º 3.	92.
Distribution de viandes corrompues	Prison trois mois	d.º d.º 9.	94.
Dito de viandes prohibées	Fers trois ans	d.º d.º 8.	94.
Embauchage	Mort	d.º d º 1.	85.
Enclouûre de canon non autorisée	Mort	d.º d º 2.	85.
Espionnage	Mort	d.º d.º 2.	85.
Falsification de congé	Fers cinq ans	12 Mai 1793, 19.	57.
Dito de consigne	Mort	21 Brumaire, 5-2.	85.
Dito de farine	Fers cinq ans	d.º d.º 5.	93.
Incendie non-autorisé	Mort	d.º d.º 5.	86.
Dito des caissons pour signal à l'ennemi	Mort	27 Juillet 1793, 1.	58.
Infidélité dans le poids des rations	Fers deux ans	21 Brumaire, 5-7.	93.
Dito dans les états de troupe	Fers cinq ans	d.º d.º 2.	92.
Inscription sous un faux nom	Fers cinq ans	12 Mai 1793, 18.	57.
Lâcheté en faction à l'ennemi	Mort	21 Brumaire, 5-4.	82.
Dito par abandon de ses armes au feu	Fers trois ans	d.º d.º 7.	97.
Manque à sa consigne près l'ennemi	Fers deux ans	d.º d.º 11.	98.
Maraude	Exposition	d.º d.º 1.	89.
Dito avec récidive	Fers cinq ans	d.º d.º 4-8.	90.
Dito par un employé	Expulsion	d.º d.º 6	90.
Dito par un officier	Prison deux ans	d.º d.º 11.	91.
Dito avec les subordonnés.	Fers dix ans	d.º d.º 11.	92.

Suite DE LA NOMENCLATURE DES DÉLITS MILITAIRES DE LA 3.e CATÉGORIE.

CRIMES ET DÉLITS.	PEINES.	DATES et ARTICLES DE LA LOI.	PAGES DU GUIDE DES JUGES MILIT.re édition 1831.
Maraude si l'officier y conduit sa troupe............	Mort.......,...................	21 Brumaire, 11.	92.
Dito d'une troupe armée...	Fers huit ans........,...........	d.o d.o 9.	91.
Dito tolérée par un officier	Destitution et 3 mois de prison	d.o d.o 10.	91.
Négligence dans la garde des vivres...............	Prison six mois	d.o d.o 6.	93.
Pillage à main armée........	Mort......,...................	d.o d.o 1.	86.
Plan levé par un étranger.	Mort..........................	d.o d.o 3.	86.
Provocation à la désertion par un particulier.......	Détention neuf ans............	4 Nivôse 4, 4.....	69.
Reddition d'une place sans brèche, assaut ou avis du conseil...................	Mort..................	1 Mai 1812, 9.....	167.
Refus formel de marcher à l'ennemi.................	Mort..................	21 Brumaire, 5-9.	97.
Retard à dessein du service des charrois.............	Fers trois ans	12 Mai 1793, 9...	55.
Révélation à l'ennemi du mot d'ordre............,..	Mort..................	21 Brum. 5 - 10.	98.
Révolte combinée..........	Mort.................	d.o d.o 5.	96.
Dito des hab.tans du pays ennemi..................	Mort..................	d.o d.o 4.	96.
Sédition des habitans du pays ennemi.............	Mort..................	d.o d.o 4.	96.
Sommeil d'un factionnaire près l'ennemi............	Fers deux ans...............	21 Brum., 5 - 10.	98.
Trahison...................	Mort..................	d.o d.o 1.	83.
Vente de fourrages par l'employé...............	Fers six ans	12 Mai 1793, 3..	53.
Vente de rations de fourrages....................	Prison un an................	d.o d.o 2.	53.
Viol......................	Fers huit ans	21 Brumaire, 5-4.	87.
Dito d'une fille de moins de quatorze ans............	Fers douze ans	d.o d.o d.o	87.
Dito suivi de mort..........	Mort..................	d.o d.o d.o	87.
Violation de la consigne générale.................	Fers dix ans................	d.o d.o 13.	98.
Vol en augmentant l'effectif de la troupe...,........	Fers trois ans...............	d.o d.o 1.	92.

Exécution des Jugemens.

224. Au jour, à l'heure et au lieu prescrit à l'ordre de la veille par le commandant de la place, le

rapporteur préside, en présence de la garde montante et des troupes que le commandant de place a dû faire réunir à cet effet, à l'exécution du jugement. Le greffier lit à haute voix les dispositions de ce jugement.

225. La condamnation à la mort s'exécutera militairement comme il suit :

226. Il sera commandé un peloton de douze militaires, pris dans la troupe présente sur les lieux où devra se faire l'exécution.

Ces douze militaires seront placés sur deux rangs; ils feront feu sur le coupable au commandement d'un adjudant.

L'exécution se fera sur une place désignée à cet effet, en présence du corps auquel appartient le prévenu, lorsqu'il sera sur les lieux, sinon en présence du corps auquel apppartiennent les tireurs. La troupe, présente, sera rangée en bataille et sans armes.

Un des juges du tribunal qui aura appliqué la loi devra être présent à l'exécution du condamné à mort.

227. Tout militaire condamné à la peine des fers, la même que celle des travaux forcés, et à celle du boulet, paraîtra à la parade, traînant le boulet, et revêtu de l'habillement prescrit pour la peine du boulet; il entendra la lecture de sa sentence à genoux et les yeux bandés; il parcourra, toujours les yeux bandés, le front entier de la garde et de son corps qui sera en bataille. Le corps dont il faisait partie défilera ensuite devant lui, à la tête de la garde montante; sa compagnie marchera la première.

Code du 12 Mai 1793.
S. VI, art. 1, 2, 3, 4 et 5.
Arrêt du 19 Vendémiaire an 12, tit. 10, art. 76.

Arrêt du 19 Vendémiaire an 12, tit. 10, art. 77.

Arrêt du 19 Vendémiaire an 12, tit. 10, art. 78.

228. Le militaire condamné aux travaux publics arrivera à la parade, revêtu de l'habillement prescrit aux condamnés aux travaux publics ; il entendra la sentence debout, n'aura point les yeux bandés.

Il ne parcourra ni le front de la parade, ni celui de son corps. La garde montante et son corps défileront devant lui.

229. Tout militaire condamné à la réclusion, est amené à la parade pour y entendre lire sa sentence, en présence de la garde montante et de son corps ; puis, il est dégradé devant toute cette troupe assemblée.

Loi du 21 Brumaire an 5, tit. 8, art. 21, et arrêté de la cour de cassation, du 4 Juin 1830.

230. La dégradation pour la peine de la réclusion, comme dans tous les cas possibles, remplace pour le militaire la flétrissure et l'exposition au carcan, chaque fois que ces aggravations de peine sont prononcées par le Code pénal ordinaire.

231. La peine des fers emporte toujours la dégradation pour un militaire, aussitôt après la sentence rendue.

232. La dégradation d'un militaire a lieu de la manière suivante : Le condamné est placé au centre de la troupe assemblée pour la parade ; là, les insignes de son grade lui sont publiquement arrachés ; on lui fait passer de la tête aux pieds une buffleterie de giberne et une bretelle de fusil ; enfin, la troupe réunie à cet effet défile devant lui.

233. La dégradation préalable, indispensable, de toute peine afflictive et infamante, entraîne après elle pour le militaire exclusion des rangs de l'armée ; — interdiction légale ; — privation des droits civils et de famille fixée par le Code pénal ordinaire.

Des Membres de la Légion d'Honneur.

234. On ne peut faire exécuter aucune peine infamante, contre l'un des membres de la Légion d'Honneur, qu'il n'ait été préalablement dégradé. Cette dégradation a lieu dans les formes suivantes, sur le réquisitoire du rapporteur.

235. Le président du conseil de guerre prononcera, immédiatement après la lecture du jugement, la formule qui suit :

Vous avez manqué à l'honneur ; je déclare, au nom de la Légion, que vous avez cessé d'en être membre.

236. Les actions en recouvrement de créance, exercées contre des militaires, sont du ressort des magistrats civils. Les officiers et les juges militaires ne peuvent en prendre connaissance qu'à l'armée et hors du royaume ; ils ne peuvent non plus apporter aucun obstacle à la poursuite ou à l'exécution du jugement. Les armes, les chevaux, les livres, les instrumens d'étude , les effets d'habillement et d'équipement dont les réglemens prescrivent que les officiers soient pourvus, ne peuvent être saisis ni vendus au profit des créanciers.

237. Tout officier condamné pour dettes par un tribunal, est considéré comme démissionnaire , s'il n'a soldé ses créanciers deux mois après le jugement rendu contre lui.

238. Les militaires condamnés à la prison , par jugement d'un conseil de guerre, commencent à subir leur peine après l'expiration du délai de pourvoi, ou après confirmation du jugement, sans autre formalité.

Arrêté du Gouvernement , du 24 Ventôse an 12, art. 5 et 6.

Ordonnance du 2 Novembre 1833 , art 331.

Loi du 10 Juillet 1791, tit. 3 , art. 63.
Arrêté du Conseil d'état , du 22 Décembre 1817.

Circulaire ministérielle du 18 Janvier 1817.

239. Dans chaque ville où siège un conseil de guerre, il doit exister, par les soins des membres de l'intendance militaire, une ceinture, une chaîne et un boulet, pour l'exécution des jugemens rendus. Ces objets doivent être déposés dans un établissement militaire, et préférablement, autant que possible, dans les magasins d'artillerie. Lorsqu'il y a lieu d'exécuter des jugemens portant condamnation à la peine des fers et du boulet, le capitaine-rapporteur, chargé de l'exécution du jugement, doit s'adresser à l'intendant ou sous-intendant militaire sur les lieux, pour obtenir le prêt de la chaîne, de la ceinture et du boulet, qui sont réintégrés au dépôt immédiatement après la parade.

Observations générales, relatives aux Conseils de guerre permanens.

Loi du 3 Pluviôse an 2, tit. 13, art. 18; art. 10 du décret du 1.er Mai 1812, et avis du Conseil d'Etat, du 14 Août 1812, approuvé le 22 Septembre 1812.

Manuel des Conseils de Guerre, pag. 174 et 175; loi du 27 Novembre 1816, art. 1.er

240. Dans tous les cas non prévus par les lois pénales militaires, les tribunaux criminels et de police correctionnelle militaire appliqueront les peines énoncées dans les lois pénales ordinaires, lorsque le délit s'y trouvera classé.

241. Les lois militaires se publient dans les divisions, aux armées et dans les divisions territoriales, par la voie de l'ordre, et c'est du jour qu'elles ont ainsi été publiées, qu'elles deviennent obligatoires pour tous les militaires.

Manuel des Conseils de Guerre, page 200.

242. Les musiciens gagistes ne peuvent être poursuivis comme déserteurs que dans le cas où ils sont liés au service par un engagement spécial, un appel ou un remplacement contracté dans les formes prescrites par la loi du 21 Mars 1832, sur le recrutement de l'armée.

243. Lorsqu'un prévenu est déclaré coupable de plusieurs crimes ou délits, la peine la plus forte encourue pour un de ces crimes ou délits doit lui être seule appliquée.

Code d'instruction criminelle, art. 365, § 2.

244. L'auteur du *Manuel des Conseils de guerre*, ouvrage d'un grand poids en jurisprudence militaire, établit ainsi la différence entre l'acquittement et l'absolution d'un inculpé.

Manuel des Conseils de Guerre, édition de 1831, page 237.

Le jugement d'acquittement est celui qui déclare l'inculpé non coupable, et ordonne sa mise en liberté.

245. Le jugement d'absolution est celui qui déclare l'inculpé coupable de faits non défendus par la loi, n'applique conséquemment aucune peine, et ordonne la mise en liberté.

246. Le même auteur définit :

Les jugemens par contumace, ceux qui condamnent en l'absence de l'inculpé d'un crime;

Les jugemens par défaut, ceux qui condamnent en l'absence de l'inculpé d'un délit.

247. Les militaires prévenus du délit de contrebande, même sous les drapeaux, ne sont pas justiciables des conseils de guerre, mais des tribunaux ordinaires.

Arrêt de la Cour de cassation, du 18 Septembre 1829.

248. La durée de la peine subie par un militaire n'est, dans aucun cas, déduite du temps de service qu'il doit accomplir.

Ibidem, du 23 Janvier 1829 et de 1832.

249. Un militaire condamné à mort comme parricide, est, après la dégradation et les autres formalités militaires, remis par l'autorité militaire à la disposition du procureur-général du ressort, et livré par ce magistrat à l'exécuteur des arrêts criminels.

Manuel des Conseils de Guerre, pages 164 et 165; avis du garde des sceaux, des 7 et 12 Juillet 1828.

Loi du 28 Germinal an 6, art. 97 et 98.

250. Les militaires de tout grade du corps de la gendarmerie sont justiciables : 1.º des tribunaux criminels ordinaires, pour les délits relatifs au service de la police générale et judiciaire dont ils sont chargés; 2.º des conseils de guerre, pour les délits relatifs au service et à la discipline militaire; 3.º s'il y a prévention, tout-à-la-fois, d'un délit militaire et d'un délit relatif au service de police générale et judiciaire, la connaissance en appartient au tribunal criminel ordinaire.

Manuel des Conseils de Guerre, pages 107, 108 et 109.

251. Les hommes de confiance des officiers ne peuvent être considérés comme hommes de service à gages, et subir à ce titre les aggravations des peines portées par l'art. 386 du Code pénal de 1810, attendu que cette position d'homme de confiance, qui est interdite par la loi du 12 Brumaire an 3, non abrogée, n'est que tolérée dans les corps.

Arrêté des Consuls du 23 Messidor an 10, art. 1.er

252. Quelques personnes accréditent une erreur qu'il est essentiel de détruire. On dit : Les lois des 13 Brumaire an 5 et 18 Vendémiaire an 6, n'ont établi les conseils de guerre et de révision que pour le temps de guerre et jusqu'à la paix : donc, en temps de paix, ces tribunaux militaires sont illégaux. Mais ces personnes ignorent sans doute qu'il existe un arrêté des consuls, rendu en l'an 10, pendant la paix, qui dispose ainsi :

253. Les conseils de guerre et de révision, établis jusqu'à la paix, en exécution des lois des 13 Brumaire an 5 et 18 Vendémiaire an 6, continueront jusqu'à ce qu'il en ait été autrement ordonné à administrer la justice militaire, en se conformant aux lois actuellement existantes, tant dans l'observation des formes que dans l'application des peines.

Or, il n'en a pas été autrement ordonné depuis cet arrêté.

Tentative de crime ou délit.

254. Toute tentative de *crime* qui aura été manifestée par des actes extérieurs, et suivie d'un commencement d'exécution, si elle n'a été suspendue ou n'a manqué son effet que par des circonstances fortuites ou indépendantes de la volonté de l'auteur, est considérée comme le crime même.

Les tentatives de *délits* ne sont considérées comme délits que dans les cas déterminés par une disposition spéciale de la loi.

Code pénal, art. 2 et 3.

Peine d'un délit entraînant la destitution.

255. Dans tous les cas, ou d'après les dispositions du Code pénal militaire, la peine du délit emporte celle de destitution. Cette dernière peine sera formellement prononcée par la sentence de condamnation.

Loi du 21 Brumaire an 5, art. 20.

Conseils de guerre spéciaux dans les places investies ou en état de siége.

256. Les membres des conseils de guerre et de révision, dans les places investies ou en état de siége, seront pris, sur la désignation du commandant en chef de la place, parmi les officiers et sous-officiers de la garnison.

Loi du 11 Frimaire an 6, art. 1, 2, 3 et 4.

257. La durée de leurs fonctions ne pourra excéder celle de l'état de siége.

258. Les présidens de ces conseils adresseront au Ministre de la guerre, aussitôt qu'il leur sera possible, copie certifiée des jugemens rendus.

259. Les lois relatives aux conseils de guerre et de révision permanens sont communes à ceux établis par la présente, en tout ce qui n'y est pas contraire.

Embaucheurs non militaires.

260. Les embaucheurs non militaires sont justiciables des tribunaux ordinaires, non des tribunaux militaires.

261. Le condamné, même gracié, n'est dispensé d'acquitter les frais que lorsque son insolvabilité est constatée. Le Ministre des finances seul peut juger de cette insolvabilité.

262. Les militaires de l'armée de terre embarqués sur des bâtimens de l'Etat, sont, pendant le temps que dure leur embarquement, justiciables des tribunaux maritimes ; mais les militaires faisant partie des dépôts de ces régimens, restés à terre, demeurent justiciables des conseils de guerre permanens.

Effets de la dégradation pour un militaire.

263. Pour un militaire, lorsqu'il s'agit des peines infligées d'après le Code pénal ordinaire, en cas d'insuffisance de la loi militaire, la dégradation remplace le carcan et la flétrissure, ainsi que toutes les autres aggravations dégradantes imposées par la loi comme suite nécessaire d'une condamnation.

264. L'auteur du *Manuel des Conseils de guerre* définit ainsi : 1.º le délit connexe un délit, dont toutes les circonstances ont entr'elles *relation sous tous les rapports de différentes choses entre elles, tendant toutes au même but ;* 2.º délit cor-

---

Marginal notes:

Loi du 22 Messidor an 4, art. 1.er.
Code d'instruction criminelle, art. 525 ; arrêt de la Cour de cassation, du 30 Mai 1831.
Décision du Ministre de la justice, du 15 Décembre 1818.

Manuel des Conseils de Guerre, page 44 ; loi du 21 Août 1790 ; décret du 22 Juillet 1806 ; arrêt de la Cour de cassation, du 11 Décembre 1828.

Manuel des Conseils de Guerre, page 42 ; arrêt de la Cour de cassation, du 10 Juin 1830.

Code d'instruction criminelle, art. 227, page 62.

rélatif, un délit dont les circonstances ont entr'elles *relation* réciproque, sous quelques rapports de choses opposées entr'elles.

265. Les auteurs des délits connexes et corrélatifs, s'ils sont les uns militaires et les autres non militaires, doivent être traduits, les militaires à un conseil de guerre permanent, les non militaires à un tribunal ordinaire.

Arrêt de la Cour de cassation, du 18 Juillet 1828.

266. Les juges militaires doivent juger sans désemparer, non pas dans ce sens qu'ils ne doivent quitter ni leur siége, ni le local de la séance, avant d'avoir rendu leurs jugemens, puisque la loi leur donne la faculté d'exiger un plus ample informé lorsqu'il y a lieu; mais ils ne doivent pas désemparer dans ce sens, le seul rationnel, qu'ils ne peuvent suspendre les débats d'une affaire commencée pour reprendre ensuite celles dont les débats seraient ou non commencés ou suspendus.

Manuel des Conseils de Guerre, page 10.
Code d'instruction criminelle, art. 353.
Arrêté du 19 Vendémiaire an 12, art. 34.
Formule de jugement avant faire droit.
Manuel des Conseils de Guerre, page 241.

267. Le plus ample informé ne peut être prolongé au-delà de deux fois vingt-quatre heures, et il a lieu par suite d'une délibération expresse du conseil de guerre qui l'ordonne.

268. En cas de violation ou de fausse application de la loi, la cour de cassation peut se saisir, sur la dénonciation qui lui en est faite, de l'affaire jugée d'après des principes illégaux, et l'annuler s'il y a lieu.

Jurisprudence consacrée par nombre d'arrêts de la Cour de cassation.

Militaires ivres commettant des fautes.

269. L'ivresse ne peut être et n'a jamais été admise comme motif d'excuse pour aucun crime ou délit; mais la manière dont un supérieur doit agir envers l'inférieur en état d'ivresse, ayant été sou-

Ordonnance royale du 2 Novembre 1833, art. 265.

vent auprès des conseils de guerre permanens matières à fausses interprétations, nous pensons utile,
pour faire cesser toute espèce d'incertitude à cet
égard, de reproduire ici les deux derniers paragraphes de l'article 265 de l'ordonnance du 2 Novembre 1833.

270. Tout supérieur qui rencontre un inférieur
pris de vin, ou troublant la tranquillité publique,
ou dans une *tenue indécente,* doit employer son
influence et *même son autorité* pour le faire rentrer dans l'ordre. Toutefois, il doit, *autant que
possible,* éviter de se commettre avec lui, particulièrement *lorsque l'inférieur est dans l'ivresse;* il
cherche à le faire arrêter par ses camarades, et au
besoin par la garde. *A moins de nécessité absolue,*
la punition qu'aurait encourue un homme ivre ne
doit lui être infligée que lorsque l'état d'ivresse a
cessé.

*Amnistie de 1830, relative aux déserteurs et aux
retardataires.*

271. Cette ordonnance d'amnistie, sur laquelle
beaucoup de défenseurs basent encore la défense de
plusieurs prévenus, ayant été jusqu'à présent très-
faussement interprétée par quelques conseils de
guerre, nous en donnerons ici les articles textuellement :

« Louis-Philippe, etc. — Art. 1.er. Amnistie est
accordée à tous sous-officiers et soldats de nos troupes de terre, ainsi qu'aux jeunes soldats appelés au
service qui sont présentement en état de désertion,
soit pour avoir abandonné les corps dont ils faisaient
partie, soit pour n'avoir pas rejoint ceux auxquels

Ordonnance royale du
28 Août 1830.

Journal Militaire, 2.e
semestre de 1830, page
101.

ils étaient destinés. Sont compris dans ces dispositions, les déserteurs et retardataires qui ayant été
arrêtés, ou s'étant présentés volontairement, n'auraient pas été jugés et condamnés définitivement au
jour de la publication de la présente ordonnance.

» Art. 2. Pour profiter de l'amnistie, les déserteurs et retardataires seront tenus de se présenter,
soit *devant le lieutenant-général commandant la
division, soit devant le maréchal-de-camp commandant la subdivision, soit devant l'officier supérieur commandant sur les lieux, soit enfin devant l'officier de gendarmerie ou le capitaine de
recrutement*, à l'effet d'y faire leur déclaration de
repentir. Cette déclaration devra être faite avant
l'expiration des délais ci-après, qui compteront à
partir de la date de la présente ordonnance, savoir :
trois mois pour ceux qui sont dans l'intérieur
du royaume ; quatre mois pour ceux qui sont
en Corse ; six mois pour ceux qui sont hors du
royaume, mais en Europe ; un an pour ceux qui
sont hors de l'Europe, et dix-huit mois pour ceux
qui sont au-delà du Cap de Bonne Espérance ou
du Cap Horn.

» Art. 3. L'amnistie est entière, absolue et sans
condition de servir, pour les déserteurs ou retardataires qui se trouvent dans un des cas suivans, savoir : 1.º pour des retardataires qui appartiennent
à des classes antérieures à l'année 1821 ; 2.º pour
les déserteurs qui ont été admis au service à quelque titre que ce soit, antérieurement au 1.ᵉʳ Janvier de la même année ; 3.º pour les déserteurs et
retardataires actuellement mariés, ou veufs ayant
plusieurs enfans ; 4.º pour les déserteurs ou retar-

dataires qui sont actuellement dans l'un des cas d'exemption prévus par l'article 14 de la loi du 10 Mars 1818, sur le recrutement ; 5.º pour les déserteurs auxquels il ne reste pas plus d'une année à faire pour atteindre le terme de leur libération.

» Art. 4. Les déserteurs ou retardataires amnistiés auxquels les dispositions de l'art. 3 de la présente ordonnance ne sont pas applicables, seront tenus d'entrer dans les corps de notre armée pour y faire le temps de service auquel ils sont astreints par la loi, temps dans lequel celui de leur absence illégale ne sera pas compté ; les autres seront renvoyés dans leurs foyers avec un certificat de libération.

» Art. 5. Les dispositions de la présente ordonnance ne sont en aucun cas applicables, 1.º aux déserteurs et retardataires qui, n'ayant pas profité de l'amnistie en temps utile, seraient arrêtés ou se représenteraient après les délais fixés par l'art. 2 ci-dessus ; 2.º aux déserteurs et retardataires qui, au moment de la publication de la présente ordonnance, auraient été condamnés pour désertion.

» Art. 6. Ceux des déserteurs et retardataires qui ne sont pas dégagés de l'obligation de servir, et qui, après avoir profité de la présente amnistie, et après avoir pris leurs feuilles de route pour rejoindre un corps, ne se rendraient pas à leur destination dans les délais fixés par les réglemens, ou déserteraient en route, resteront sous le poids de la législation relative à la désertion, et *seront passibles des peines portées contre la désertion par récidive.* (Voir, pour les instructions ministérielles relatives à cette ordonnance, le *Journal Militaire*, 2.º semestre 1830, pag. 161 à 167 ».

Il existe de plus une ordonnance royale, en date du 21 Octobre 1830, qui, sans restriction, accorde amnistie pleine et entière à tous sous-officiers et soldats des troupes de terre et de mer qui, jusqu'à la publication de ladite ordonnance, ont été condamnés pour fait d'insubordination et de voies de fait envers leurs supérieurs.

Journal Militaire, 2.e semestre de 1830, pages 287 et 306.

Infirmiers soignant des militaires dans les hôpitaux.

272. Les infirmiers commissionnés par le Ministre de la guerre sont justiciables des conseils de guerre.

Les infirmiers non commissionnés par le Ministre de la guerre, ceux de remplacement nommés par les intendans militaires, et ceux qui soignent des militaires reçus dans les hôpitaux, sont soumis à la juridiction des tribunaux ordinaires.

Loi du 13 Brumaire an 5, art. 10, n.° 9.
Ordonnance du 18 Septembre 1824, art. 25.
Manuel des Conseils de Guerre, page 111.

Ouvriers militaires employés dans les manufactures d'armes.

273. Les ouvriers militaires employés dans les manufactures d'armes étant soumis aux mêmes règles et peines de discipline que s'ils étaient à leurs corps, dont ils ne sont que détachés, sont justiciables, pour les délits militaires, des conseils de guerre permanens.

Loi du 29 Octobre 1790, art. 1.er

Avocats nommés d'office.

274. Les avocats nommés d'office pour défendre un accusé devant un conseil de guerre, ne sont pas obligés par la loi à remplir ce devoir. Pour éviter

Arrêt de la Cour de cassation, du 13 Juillet 1825.
Manuel des Conseils de Guerre, page 16.

des refus d'avocats dans ce cas, il est d'usage, dans presque tous les conseils de guerre, que le rapporteur s'entende avec le bâtonnier des avocats de chaque barreau où siègent les conseils de guerre. Ce dernier fait dresser un tableau de tous les avocats qui désirent plaider devant les tribunaux militaires; ce tableau est déposé au greffe, ou entre les mains du rapporteur, qui peut ainsi désigner un avocat lorsqu'il y a lieu, sans craindre un refus.

Sursis pour l'exécution de la peine de mort et des fers.

Journal Militaire de 1831, 1.er semest., page 102.

275. La circulaire ministérielle du 7 Septembre 1831 prescrit de surseoir à l'exécution des condamnations à la peine de mort, prononcée par les conseils de guerre, jusqu'à décision prise par suite de l'examen des circonstances qui pourraient recommander le condamné à la clémence royale.

Ibid. 1832, 1.er semestre, page 90.

276. La circulaire ministérielle du 15 Février 1832 enjoint itérativement de surseoir à l'exécution de tout jugement portant la peine des fers pour insubordination, ainsi qu'il avait déjà été prescrit par la circulaire du 6 Octobre 1830. (Voir notre article 185, titre de l'*Insubordination*).

Traitemens de réforme et de retraite des militaires condamnés.

Circulaires ministérielles des 25 Mai 1806 et 4 Avril 1817.

277. Un militaire condamné à une peine afflictive et infamante, est privé de droit de tout traitement de réforme et de retraite.

Ordonnance du 8 Février 1829.

278. S'il n'a été condamné qu'à une peine correctionnelle, il peut être privé des traitemens de retraite et de réforme.

279. Nulle contravention, nul délit, nul crime, ne peuvent être punis des peines qui n'étaient pas prononcées par les lois avant qu'ils fussent commis.

Citation en témoignage des grands fonctionnaires de l'État.

280. Les Ministres ne peuvent être entendus comme témoins que sur le rapport du Ministre de la justice, suivi d'une ordonnance spéciale du Roi.

281. Dans les affaires où les préfets auront agi en vertu de l'art. 10 du Code d'instruction criminelle, si le bien du service exige que de nouveaux renseignemens leur soient demandés, ces renseignemens leur seront demandés par écrit, et ils y répondront de la même manière. Si les préfets sont cités comme témoins, et que, pour s'excuser de répondre à cette citation, ils allèguent le bien du service, il ne sera pas donné suite à ladite citation ; dans ce cas, les officiers chargés de l'instruction, après qu'ils se seront entendus avec les préfets sur le jour et l'heure, viendront dans leur demeure pour recevoir leurs dépositions, et il sera procédé à cet égard ainsi qu'il est prescrit à l'art. 516 du Code d'instruction criminelle.

282. Ces dispositions et toutes celles que l'on peut voir au décret cité en marge (*Guide des Juges militaires*, pag. 170 et 171), sont applicables aux grands officiers de l'État, aux présidens du conseil d'état, aux Ministres d'état et conseillers d'état chargés d'une administration publique, aux généraux en service, aux ambassadeurs et autres agens diplomatiques près les cours étrangères.

Code pénal ordinaire, art. 4.

Décret du 4 Mai 1812, art. 1, 3, 4 et 6.

Contre-seing des Conseils de guerre.

Circulaire ministérielle du 29 Juin 1826.

283. Les lieutenans-généraux commandant les divisions militaires, les maréchaux-de-camp commandant les subdivisions, les conseils de guerre en nom collectif ou leurs présidens, et les capitaines-rapporteurs près les conseils de guerre, jouissent du droit de contre-seing et de franchise pour correspondance avec les procureurs-généraux et procureurs du Roi, dans tout le royaume.

Réunion de cinq voix pour l'application d'une peine.

284. Souvent les juges militaires sont embarrassés pour la réunion du nombre de voix nécessaire pour l'application d'une peine ; de là, des lenteurs inutiles qui prolongent la délibération à huis-clos, et engendrent parfois des discussions oiseuses. Ces incidens fâcheux seraient évités, si tous les membres du conseil de guerre voulaient se pénétrer de l'opinion suivante, professée par Legraverend, dans son excellent et judicieux ouvrage sur la jurisprudence militaire, qui fait autorité, pag. 89 et 90 :

« S'il arrivait, dit à-peu-près textuellement Legraverend, que trois, quatre ou même un plus grand nombre d'articles différens de lois existantes parussent applicables à un délit, ou que l'article applicable laissât aux juges le soin de fixer la peine du minimum au maximum, et que les juges fussent partagés en trois, quatre, ou en un plus grand nombre d'avis différens sur cette application, *il faudrait alors que le président mît successivement aux voix* chaque avis, en commençant par le plus favorable au prévenu. Le résultat de cette opération amènerait nécessairement, soit la majorité de cinq voix, soit la minorité de trois voix favorables à l'accusé, prescrites par les articles 32 et 33 de la loi du 13 Brumaire an 5 ; car aux termes même de cette loi, la minorité en faveur du prévenu doit être de trois voix, aussi nécessairement que la majorité doit être de cinq voix. Ainsi donc, tant que ces trois voix n'existent pas, tant pour l'application que pour la non-application d'une peine moins grave, la majorité de cinq voix doit l'emporter ». Périer, dans l'édition de son *Guide des Juges militaires*, antérieure à celle de 1831, pag. 35, après avoir professé la même opinion, ajoute : « Si l'opinion isolée d'un seul membre du conseil suffisait pour changer la nature d'une peine encourue par un coupable, il s'attribuerait réellement le droit de remettre le reste de cette peine, et participerait ainsi au droit de grâce qui appartient au Roi seul ».

Cas non prévus et par les lois civiles et par les lois militaires.

285. S'il n'existe, contre un crime ou délit, aucune peine prononcée par la loi civile ou par la loi militaire, les juges doivent appliquer dans leur âme et conscience une des peines du Code pénal civil ou militaire qui leur paraîtra applicable à ce crime ou à ce délit.

Décrets des 1.er Mai et 22 Septembre 1812.

Effets restés dans les greffes, non réclamés.

286. Les effets volés, déposés dans les greffes des conseils de guerre comme pièces de conviction,

Loi du 11 Germinal an 4.
Décision du Ministre des finances, du 9 Octobre 1813.
Circulaire du 27 Juin 1829.
Ordonnance royale du 23 Février 1829.

lorsqu'ils ne sont pas réclamés, doivent être vendus à la diligence des préposés de la régie de l'enregistrement, sauf aux propriétaires à en réclamer le prix dans l'année de la vente.

Le directeur de l'enregistrement et des domaines peut seul faire retirer des greffes des conseils de guerre les effets non réclamés qui ont été déposés.

CHAPITRE III.

Conseils de révision.

287. Ce conseil est composé de cinq membres, savoir : un officier général, *président ;* un colonel, un chef de bataillon ou d'escadron, deux capitaines et un greffier.

Loi du 18 Vendémiaire an 6, art. 1, 5, 6, 7, 8, 11, 12, 24 et 25.

288. Le rapporteur est pris parmi les membres du conseil de révision, et choisi par eux.

289. Le commissaire du Roi doit être un intendant militaire ou un sous-intendant de première classe.

290. Tous les membres de ce conseil sont choisis par les commandans en chef des divisions, dans leur commandement respectif.

291. A défaut d'un nombre suffisant d'officiers en activité pour composer le conseil de révision, on y supplée par des officiers du grade correspondant, retirés par suite de réforme.

292. Le commandant en chef qui a nommé les membres du conseil de guerre qui a rendu le jugement pour lequel il y a pourvoi en révision, ne peut être admis au conseil de révision.

293. Aucun militaire ne peut être membre du

conseil de révision, s'il n'a trente ans accomplis, trois campagnes ou six ans de service.

294. Les membres du conseil de révision sont soumis aux mêmes dispositions de la loi du 13 Brumaire an 5, pour le refus, l'absence et la parenté, que les membres des conseils de guerre permanens. (Voir, à cet égard, les art. 31 et 34, chap. 1.er).

295. Un juge du conseil de révision ne peut siéger pour prononcer sur un jugement auquel aurait pris part un de ses parens au degré prohibé par les lois, juge à un conseil de guerre; en ce cas, il doit être momentanément remplacé par le commandant en chef.

296. Les membres de ce conseil s'assemblent sur la convocation du président, au jour, à l'heure, au local qu'il désigne.

297. Ce conseil est compétent pour réviser les jugemens prononcés par les conseils de guerre créés conformément aux lois, quand le pourvoi en révision a été formé en temps légal par le condamné ou par le commissaire du Roi.

298. La décision du conseil de révision doit être motivée.

299. Le conseil de révision ne peut prendre aucune décision sans qu'au préalable le président n'ait fait déposer sur le bureau un exemplaire des lois, et le procès-verbal des séances doit relater cette indispensable formalité, dont mention sera faite également sur les copies de décisions du conseil à transmettre, soit à un conseil de guerre, soit à tout autre tribunal.

300. Les jugemens rendus par un conseil de

guerre permanent sont annulés par le conseil de révision,

Loi du 18 Vendémiaire an 6, art. 16.

1.º Lorsque le conseil de guerre n'a pas été formé de la manière prescrite par la loi;

2.º Lorsqu'il a outre-passé sa compétence, soit à l'égard du prévenu, soit à l'égard des délits dont la loi lui attribue la connaissance;

3.º Lorsqu'il s'est déclaré incompétent pour juger un prévenu soumis à sa juridiction;

4.º Lorsqu'une des formes prescrites par les lois n'a pas été observée, soit dans l'information, soit dans l'instruction;

5.º Lorsque le jugement n'est pas conforme à la loi dans l'application de la peine.

Loi du 15 Brumaire an 6, art. 8.

301. Le délai pour se pourvoir en révision d'un jugement rendu par le conseil de guerre permanent, est, pour le condamné qui doit avoir été prévenu de cette disposition de la loi par le rapporteur, de vingt-quatre heures à partir de la lecture du jugement; passé ce délai, il ne peut y avoir de pourvoi en révision.

302. Le commissaire du Roi a, pour se pourvoir d'office en révision, vingt-quatre heures après le délai accordé au condamné.

Loi du 11 Frimaire an 6, art. 4.

303. Dans les places assiégées, le conseil de révision a la même compétence que ceux formés dans les divisions d'armée et territoriale.

Loi du 14 Fructidor an 7, art. 4.

304. La révision des jugemens rendus par un conseil de guerre établi extraordinairement dans un département ou une ville en état de trouble, appartient au conseil de révision de la division dont ce département ou cette ville fait partie.

Mode de procéder en révision.

305. Dans les vingt-quatre heures de la notification du pourvoi, le conseil de guerre envoie la procédure, avec copie du jugement, au président du conseil de révision.

Loi du 18 Vendémiaire an 6, art. 13.

306. Le président est tenu de convoquer aussitôt les membres de ce conseil.

307. Une fois assemblé, le conseil de révision ne peut désemparer sans avoir donné sa décision.

308. L'officier choisi parmi les membres fait son rapport; les défenseurs des parties y sont admis, et peuvent faire toutes observations convenables; le commissaire du Roi fait son réquisitoire, auquel les défenseurs peuvent opposer leurs observations.

Ibid., art. 15, 16 et 17.

309. Le conseil de révision prononce, à la majorité des voix, l'annulation ou la confirmation du jugement.

310. Si le jugement est confirmé par le conseil de révision, ce conseil renvoie les pièces du procès, avec copie signée de tous ses membres, au conseil de guerre dont le jugement est confirmé, afin qu'il en fasse poursuivre l'exécution.

Ibid., art. 22.

311. Le conseil de révision a trois jours pour faire l'envoi de la procédure, si l'affaire doit être portée dans une division voisine; mais si elle doit passer à l'autre conseil de guerre permanent de la même division, l'envoi des pièces et de la procédure doit être fait en vingt-quatre heures par le rapporteur, auquel il doit être fourni acte de cet envoi.

312. Lorsqu'il y a annulation pour quelque cas que ce soit, la décision est adressée au Ministre de

la guerre et au conseil de guerre permanent qui a prononcé le jugement annulé.

Loi du 18 Vendémiaire an 6, art. 10.

313. Les séances du conseil de révision sont publiques; mais le nombre des spectateurs ne peut excéder le triple de celui des juges.

314. Les spectateurs doivent s'y tenir respectueusement en silence et la tête découverte. Le président a les mêmes droits que ceux attribués aux présidens des conseils de guerre, relativement à la police du conseil de révision.

CHAPITRE IV.

Des Conseils d'enquête pour les officiers.

Journal Militaire officiel de 1834, n.º 28, page 116.

315. L'ordonnance sur le service intérieur, du 2 Novembre 1833, prescrit des conseils d'enquête pour les officiers, et fixe dans son chapitre 35, articles 296 à 313, tout ce qui est relatif à ces conseils; mais depuis est intervenue la décision royale du 18 Septembre 1834, dont nous donnerons ici le texte, vu son importance pour les officiers.

Sur le rapport du Ministre de la guerre, le Roi a approuvé, le 18 Septembre 1834, les dispositions ci-après, pour suppléer transitoirement à celles qui ne pourront être arrêtées que par le réglement d'administration publique à intervenir, en exécution de la loi du 19 Mai 1834.

1.º Les officiers dont les torts seraient de la nature de ceux qui, aux termes de cette loi, peuvent motiver la réforme, seront mis en non activité par retrait d'emploi.

2.º Lorsque les torts d'un officier détermineront

son chef à demander sa mise en non activité, la demande exposant les torts d'une manière détaillée, devra spécifier si, dans l'opinion du chef, l'officier inculpé doit être suspendu de son emploi, ou si cet emploi doit lui être retiré. Le maréchal-de-camp commandant la brigade ou la subdivision, et le lieutenant-général commandant la division dans lesquels se trouverait le corps de l'officier inculpé, seront tenus, en transmettant au Ministre de la guerre la demande, de l'accompagner de leur opinion écrite et signée, tant sur les torts de l'officier, que sur la mesure demandée contre lui par le chef du corps.

3.° L'officier en non activité par suspension d'emploi ne sera point remplacé dans son emploi pendant un an. Si, à l'expiration de cette année, il n'a pas demandé à reprendre du service, ou si, ayant exprimé ce désir, il n'a pas été remis en possession de son emploi, il sera pourvu à son remplacement, soit par avancement, soit par le placement d'un officier en non activité, selon l'ordre des tours.

4.° L'officier en non activité par retrait d'emploi, reste dans cette position jusqu'à ce que les besoins du service permettent ou nécessitent son rappel à l'activité, ou jusqu'à son admission à la réforme ou à la retraite.

5.° Cette disposition est applicable à l'officier en non activité par suspension, qui n'a pas été remis en possession de son emploi, comme l'indique le paragraphe 3 ci-dessus.

6.° Parmi les officiers dont les torts ont été soumis à l'examen des conseils d'enquête institués par l'ordonnance du 2 Novembre 1833, et à l'égard desquels le Roi n'a pas encore prononcé, ceux que ces conseils ont proposé pour la suspension ou le retrait d'emploi pendant un an, pourront seuls être mis en non activité par suspension ; les autres seront mis en non activité par retrait d'emploi.

7.º Sont rapportées toutes les dispositions de l'article 33 de l'ordonnance du 2 Novembre 1833, sur le service intérieur des troupes d'infanterie, et toutes celles du chapitre 39 de l'ordonnance du même jour, sur le même service des troupes à cheval. Néanmoins, les officiers mis en non activité par suspension ou retrait d'emploi, conformément à ces dispositions, et antérieurement à la loi du 19 Mai 1834, rentreront à leurs corps à l'époque et de la manière déterminée par lesdites ordonnances. Est également rapporté l'article 257 de l'ordonnance du 2 Novembre 1833 (infanterie), et l'article 321 de l'ordonnance du même jour (cavalerie), en ce qui concerne la convocation d'un conseil d'enquête, à l'égard des officiers qui sont restés absens sans permission pendant quinze jours.

CHAPITRE V.

Des Conseils de discipline pour les soldats.

316. Le chap. 36, art. 314 de l'ordonnance du 29 Novembre 1833, proscrit les conseils de discipline pour les soldats qui, sans avoir commis des délits qui les rendent justiciables des conseils de guerre, mènent pourtant avec persévérance une conduite capable de porter le trouble et le mauvais exemple dans le régiment. Il est bon de prévenir

quelques commandans de compagnies contre une erreur accréditée dans plusieurs régimens, des officiers très-judicieux, du reste peu familiarisés avec les conseils de guerre, demeurent persuadés mal-à-propos que le bris d'armes, les lacérations d'effets de toutes espèces confiés au soldat pour son service, les dégradations du casernement volontaires et intentionnés, portant préjudice grave à l'État, sont du ressort des conseils de discipline; c'est une erreur que l'article 205 de notre précis ne peut plus laisser subsister dans l'armée.

Nous donnerons succinctement un résumé des opérations préparatoires et autres des conseils de discipline.

Le commandant de la compagnie fait son rapport écrit à son chef de bataillon; à ce rapport est joint un relevé des punitions, en double expédition. Le chef de bataillon adresse ce rapport au lieutenant-colonel, qui le transmet au commandant du régiment. Celui-ci convoque, par un ordre du jour, un conseil de discipline, composé, quand le régiment est réuni, d'un chef de bataillon, *président ;* des trois plus anciens capitaines et des trois plus anciens lieutenans du régiment, pris hors du bataillon de l'inculpé.

Dans un bataillon détaché, le conseil est convoqué, sur la demande du chef de bataillon, par le maréchal-de-camp commandant sur les lieux. Il se compose du plus ancien capitaine, *président ;* des deux plus anciens lieutenans et des deux plus anciens sous-lieutenans, pris hors de la compagnie de l'inculpé. Lorsque le bataillon est commandé par un capitaine, le plus ancien capitaine, après lui, préside le conseil de discipline. Le conseil siège au quartier occupé par la troupe. Le chef et l'adjudant-major du bataillon, ainsi que le commandant de la compagnie de l'inculpé, sont entendus. Lorsqu'ils se sont retirés, le soldat est admis à représenter la défense, puis reconduit en prison. Le conseil rédige ensuite son avis motivé, et le transmet au colonel. Si cet avis est défavorable au soldat, le colonel l'adresse au maréchal-de-camp commandant la sub-division, avec son opinion particulière; il y joint le rapport du commandant de la compagnie et le relevé des punitions en double expédition y annexé, et l'état de service et signalétique du soldat, aussi en double expédition. Ces pièces sont envoyées au commandant de la division par le maréchal-de-camp, qui y joint son avis. Le commandant de la diviions prononce, et, s'il y a lieu, fait diriger le militaire sur une des compagnies de discipline qui lui a été désignée par le Ministre de la guerre. Le militaire attend dans la prison de la place la décision du lieutenant-général. Si le lieutenant-général juge que tous les moyens de répression n'ont pas été épuisés, il ne donne pas suite à l'avis du conseil de discipline, et alors il peut infliger à l'inculpé, dans un fort ou dans une prison militaire, une dé-tention qui ne peut excéder deux mois; dans tous les cas, il rend compte au Ministre. Nous joignons ci-après la nomenclature et l'emplacement des diffé-rentes compagnies de discipline.

Tableau N.º 4.

COMPAGNIES DE DISCIPLINE.

(Annuaire Militaire 1834, page 243).

COMPAGNIES.	EMPLACEMENT.	OFFICIERS COMMAND.'
FUSILIERS.		MESSIEURS :
1.re.............	Oran (Afrique)...........	Cousse.
2.me.............	Besançon.................	Allard.
3.me.............	*idem*.................	Albarède.
4.me.............	Arras...................	Paul.
5.me.............	Alger (Afrique)..........	Filippi.
6.me.............	*id.* *id.*.............	Coustalet.
7.tae.............	Bone *id*.............	Monin.
PIONNIERS.		
1.re.............	Oran (Afrique)...........	Soulier.
2.me.............	Belfort.................	Bousally.
3.me.............	Béthune.................	Rigolleau.
4.me.............	Valenciennes............	Dupeyrou.
5.me.............	Alger (Afrique)..........	De Larrey (Martial).

CHAPITRE VI.

Des fautes contre la discipline.

317. Nous avons cru devoir faire sous ce titre un résumé succinct de l'art. 265 de l'ordonnance du 2 Novembre 1833, parce qu'il nous a semblé que l'on ne saurait trop s'efforcer de bien faire sentir à tous les militaires qui exercent un commandement dans l'armée, la différence qui existe entre les faits qui rendent le coupable passible, soit d'un conseil de guerre, soit d'un conseil de discipline, soit enfin d'une simple punition disciplinaire dans l'intérieur des corps.

318. Sont réputées fautes contre la discipline, et punies comme telles, suivant leur gravité : de la part du supérieur, tout propos injurieux, toute voie de fait envers un subordonné, toute punition injustement infligée ; — de la part de l'inférieur, tout murmure, mauvais propos ou défaut d'obéissance, quelque raison qu'il croie avoir de se plaindre ; l'infraction des punitions, l'ivresse, pour peu qu'elle trouble l'ordre public ou militaire ; le dérangement de conduite ; les dettes, les querelles entre militaires ou avec des citoyens ; le manque aux appels, à l'instruction, aux différens services, les contraventions aux ordres et aux règles de police ; enfin, toute faute contre le devoir militaire, provenant de négligence, de paresse et de mauvaise volonté.

319. Les fautes réitérées et surtout habituelles, celles qui ont lieu pendant la durée du service, celles accompagnées de circonstances portant at-

teinte à l'honneur ou susceptibles de produire du désordre, acquièrent par-là de la gravité.

320. Le supérieur doit éviter de se commettre avec un homme en état d'ivresse; il doit chercher à faire rentrer dans l'ordre le militaire ivre, par l'entremise d'un de ses camarades; il ne doit employer la garde qu'en cas d'absolue nécessité.

Toutes ces précautions ont pour but d'éviter de porter l'individu pris de boisson à commettre de ces fautes graves qui peuvent le rendre passible des peines les plus sévères. Toute punition encourue par un militaire ivre, ne doit, sauf les cas d'urgence, lui être infligée que lorsque l'état d'ivresse a cessé.

321. Nous joignons à ce chapitre, sous les n.ºs 5 et 6, un tableau-tarif des punitions prescrites pour chaque grade par les articles 268 à 285 de l'ordonnance précitée.

Voy. le Tableau de l'autre part.

TABLEAU N.º 4.

TARIF *des diverses punitions que peuvent infliger les officiers, sous-officiers et caporaux aux militaires qu'ils com-*
mandent dans un régiment. (Articles 268 et suivans de l'ordonnance du 2 Novembre 1833.

NOTA. Les supérieurs de tous les grades peuvent appointer *les simples soldats seulement* d'une ou plusieurs corvées, et d'un ou plusieurs jours d'inspection avec la garde, pour négligence dans l'entretien de leurs effets ou armes. (*Art. 284, paragraphes 7 et 9*).

DÉSIGNATION DES GRADES QUI INFLIGENT DES PUNITIONS.	AUX S.-OFFICIERS, ART. 280.				AUX CAPORAUX, ART. 285.					AUX SOLDATS, ART. 285.				
	Privés de sortir après l'appel.	Consignés aux quartiers.	Salle de police.	Prison.	La consigne.	La Salle de police.	La Prison.	Le Cachot.	Privation de porter le sabre.	La Consigne.	La Salle de police.	La Prison.	Le Cachot.	Privation de porter le sabre.
1.º Le colonel *.	»	»	30	15	»	30	15	4	60	»	»	15	4	90
2.º Le lieutenant-colonel et les officiers supérieurs	»	30	15	8	30	15	8	»	30	30	30	8	»	60
3.º Les adjudans-majors et les capitaines aux hommes d'autres compagnies.	»	15	8	4	15	8	4	»	15	30	15	4	»	30
4.º Les capitaines dans leurs compagnies.	»	30	15	8	30	15	8	»	30	30	30	8	»	60
5.º Les lieutenans et sous-lieutenans	»	8	4	»	8	4	»	»	8	15	8	»	»	15
6.º Les adjudans-sous-officiers à tout le monde.	»	8	4	»	8	4	»	»	8	15	8	»	»	15
7.º Les sergens-majors à des hommes d'autres compagnies.	»	4	2	»	8	4	»	»	8	15	8	»	»	15
8.º Le sergent-major dans sa compagnie.	»	8	4	»	8	4	»	»	8	15	8	»	»	15
9.º Les sergens dans d'autres compagnies et dans leurs compagnies.	»	»	»	»	4	2	»	»	»	8	4	»	»	»
10.º Les caporaux dans d'autres compagnies et dans leurs compagnies.	»	»	»	»	»	»	»	»	»	4	2	»	»	»

* Le colonel ou le commandant du régiment peut seul en outre suspendre les sous-officiers et caporaux de son régiment. — Le colonel seul peut ordonner que les hommes punis de prison subissent leur peine dans la prison de la place.

TABLEAU N.º 6.

PUNITIONS DES OFFICIERS.

(Ordonnance royale du 2 Novembre 1833, art. 268, 269 et 470).

PAR QUI INFLIGÉES A TOUS LES OFFICIERS.	ARRÊTS simples.	Réprimandes.	ARRÊTS de rigueur.	PRISON et mention à l'ordre.
Colonel et officier supérieur command^t, au régim^t.	30 jours.	Peuvent seuls réprimander un officier.	30 jours.	15 jours.
Lieutenant-colonel....................................	15 *id.*	»	»	»
Chef de bataillon et officier comm. un détachem^t..	15 *id.*	»	»	»
Un capitaine dans sa compagnie, et tout officier commandant de compagnie	15 *id.*	»	»	»
Capitaine hors de sa compagnie et adjud^t.-major.	8 *id.*	»	»	»
Lieutenant..	4 *id.*	»	»	

Punitions infligées par les Généraux.

322. Le maréchal-de-camp et le lieutenant-général sous les ordres desquels le corps est placé, peuvent diminuer, augmenter et changer la punition des arrêts de rigueur et de la prison. Le maréchal-de-camp peut prolonger jusqu'à trente jours la durée de la prison; il en rend compte au lieutenant-général. Le lieutenant-général peut infliger la punition ou la détention, dans un fort, pendant soixante jours; il en rend compte sur-le-champ au Ministre de la guerre. Tout autre officier général peut ordonner les arrêts et la prison aux officiers de tout grade, en se renfermant dans les limites prescrites par l'art. 268; il en rend compte au lieutenant-général commandant la division.

Ordonnance royale du 2 Novembre 1833, art. 279, 288 et 289.

323. Le maréchal-de-camp décide qu'un sous-officier descendra au grade ou à l'emploi inférieur; quand il y a lieu, il prononce la cassation d'un caporal.

Le Lieutenant-général prononce la cassation d'un Sous-Officier.

324. Lorsque les sous-officiers et caporaux sont membres de la Légion d'honneur, ils ne peuvent être cassés que par autorisation du Ministre de la guerre, sur la proposition du lieutenant-général; mais ils peuvent être suspendus de leurs fonctions par qui de droit, sans ces formalités.

325. Le droit de consigner au quartier la totalité ou une fraction d'une troupe n'appartient qu'aux officiers généraux sous les ordres desquels elle se trouve, qu'au commandant de la place et au commandant de cette troupe.

Par les Commandans de place.

Ordonnance royale du 2 Novembre 1833, art. 278.

326. Les commandans de place peuvent mettre aux arrêts simples tout officier d'un grade égal au leur; ils en rendent compte au maréchal-de-camp, qui, sur leur rapport et après avoir pris, s'il y a lieu, les renseignemens nécessaires, fixe la durée de la punition.

Les commandans de place peuvent mettre aux arrêts de rigueur et en prison les officiers d'un grade qui leur est inférieur; ils ont, quant à la durée des punitions qu'ils leur infligent, les mêmes droits qu'un colonel; ils informent les chefs de corps des punitions qu'ils ont infligées à leurs subordonnés; ils en rendent compte au maréchal-de-camp.

Par les Membres de l'Intendance.

327. Lorsque le sous-intendant militaire a sujet de se plaindre du major, il en informe le colonel, et, s'il y a lieu, demande la punition du major. Le colonel ne peut la refuser que par des considérations majeures, dont il rend compte immédiatement au maréchal-de-camp.

Ordonnance royale du 2 Novembre 1833, art. 277.

Des Adjudans-majors, Officiers comptables et Chirurgiens.

328. En ce qui concerne leur service spécial, les adjudans-majors ne sont punis que par les officiers supérieurs. Les officiers comptables ne peuvent l'être que par le colonel, le lieutenant-colonel et le major. Pour ce qui est étranger à leur service, les adjudans-majors et officiers comptables peuvent être punis par tout officier d'un grade supérieur au leur. Le chirurgien-major ne peut être puni que par le colonel ou par le lieutenant-colonel; les chirurgiens-aides-majors ne peuvent l'être que par les officiers supérieurs ou par le chirurgien-major. Le chirurgien-major s'adresse au lieutenant-colonel, lorsqu'il a une punition à demander contre un lieutenant ou un sous-lieutenant. Les chirurgiens peuvent ordonner la salle de police ou la consigne aux sous-officiers, caporaux et soldats, en rendant compte au lieutenant-colonel qui fixe la durée de la punition.

Ibid., art. 275, 276 et 288.

Dispositions générales relatives aux autres Officiers.

329. Le lieutenant ou sous-lieutenant commandant par intérim une compagnie, a le droit d'in

Ordonnance royale du 22 Novembre 1833, art. 266.

fliger les mêmes punitions que le capitaine. Le capitaine commandant par intérim un bataillon a, pour infliger des punitions, le même droit qu'un chef de bataillon. L'officier supérieur commandant le régiment par intérim ou un corps composé d'un seul bataillon, a les mêmes droits que le colonel à cet égard. Le commandant du régiment peut augmenter, diminuer, faire cesser les punitions, ou changer leur nature.

CHAPITRE VII.

Bureau de la justice militaire, au ministère de la guerre.

330. Les attributions de ce bureau, dirigé par un chef spécial, sont : la correspondance judiciaire sur les matières civiles et criminelles, et notamment tout ce qui concerne les conseils de guerre et les conseils de discipline; — l'envoi, la notification et le classement des jugemens des conseils de guerre, la recherche, la poursuite et la tenue du contrôle des déserteurs et des insoumis; — l'application des amnisties; — les grâces et commutations de peines; — l'administration des compagnies de discipline; — les ateliers de condamnés au boulet et ceux de condamnés aux travaux publics; — les prisons militaires; — la législation et la vérification des pièces et des signatures; — les frais de justice militaire et la comptabilité en deniers; les extraditions; — les prisonniers de guerre, leur police et leur échange; — la naturalisation de militaires en activité.

Annuaire de 1831, page 2.

Tableau n.º 7.

ATELIERS DE BOULET ET DE TRAVAUX PUBLICS.

(Annuaire de 1834, page 560. — Décret du 19 Vendémiaire an 12).

LIEUX.	DÉPARTEMENS.	DIVISIONS MILITAIRES.	NATURE DE L'ATELIER.	
Isle d'Aix............	Charente - Infér...	12.e...........	Boulet.	*Nota.* Le bagne de Lorient n'existant plus depuis le mois d'Août 1830, les militaires qui doivent subir la peine des fers sont dirigés sur les autres bagnes, suivant la proximité par les soins des officiers de gendarmerie. Les bagnes actuellement existans sont ceux de *Brest, Rochefort* et *Toulon.* Les militaires condamnés à la réclusion, subissent leur peine dans les maisons pénitencières centrales établies dans chaque département. (Circulaire ministérielle du 15 Février 1832 ; — Journal Militaire, 1.er semestre 1832, page 90 ; — Instructions aux officiers de gendarmerie).
Belle-Isle-en-Mer.	Morbihan...........	13.e...........	*idem.*	
Belle-Croix.........	Charente - Infér...	12.e...........	Travaux publics.	
Belle-Isle-en-Mer.	Morbihan...........	13.e...........	*idem.*	
Alger...............	Afrique............	*idem*........	*idem.*	
Fort de Mers-el-Kebir.............	*idem*...........	*idem*........	*idem.*	

TABLEAU N.° 8.

MAISONS DE DÉTENTION MILITAIRES.

(Annuaire de 1834, page 1560. — Décret du 19 Vendémiaire an 12.)

LIEUX.	DIV.ons mil.res	DÉPARTEMENS.	LIEUX.	DIV.ons mil.res	DÉPARTEMENS.
Abbaye (Paris).	1.re.	Seine.	Bayonne	11.e..	Basses-Pyrénées.
Montaigu (*id.*).	*id.*..	*idem.*	Bordeaux	*id.*..	Gironde.
Châlons	2.e..	Marne.	La Rochelle	12.e..	Charente-Infér.
Mézières	7...	Ardennes.	Nantes	*id.*..	Loire-Inférieure.
Charlemont	..	*idem.*	Brest	13.e..	Finistère.
Verdun	*id.*	Meuse.	Rennes	*id.*..	Ille-et-Vilaine.
Montmédy	*id.*..	*idem.*	Vannes	*id.*..	Morbihan.
Metz	3.e..	Moselle.	Rouen	14.e..	Seine-Inférieure.
Thionville	*id.*..	*idem.*	Le Hàvre	*id.*..	*idem.*
Bitche	*id.*..	*idem.*	Caen	*id.*..	Calvados.
Longwy	*id.*..	*idem.*	St.-Lô	*id.*..	Manche.
Nancy	*id.*..	Meurthe.	Mont St.-Michel.	*id.*..	*idem.*
Phalsbourg	*id.*..	*idem.*	Bourges	15.e..	Cher.
Toul	*id.*..	*idem.*	Limoges	*id.*..	Haute-Vienne.
Tours	4.e..	Indre-et-Loire.	Lille	16.e..	Nord.
Strasbourg	5.e..	Bas-Rhin.	Tour St-Pre (Lille)	*id.*..	*idem.*
Pont-Couvert	*id.*..	*idem.*	Citadelle (Lille)..	*id.*..	*idem.*
Lauterbourg	*id.*..	*idem.*	Cambrai	*id.*..	*idem.*
Neufbrisach	*id.*..	Haut-Rhin.	Douai	*id.*..	*idem.*
Besançon	6.e..	Doubs.	Quesnoy	*id.*..	*idem.*
Grenoble	7.e..	Izère.	Berguei	*id.*..	*idem.*
Lyon	*id.*..	Rhône.	Boulogne	*id.*..	Pas-de-Calais.
Crest	*id.*..	Drôme.	St.-Omer	*id.*..	*idem.*
Marseille	8.e..	Bouches-du-Rhôn.	Bastia	17.e..	Corse.
Tarascon	*id.*..	*idem.*	Ajaccio	*id.*..	*idem.*
Toulon	*id.*..	Var.	Dijon	18.e..	Côte-d'Or.
Montpellier	9.e..	Hérault.	Clairvaux	*id.*..	Aube.
Toulouse	10.e..	Haute-Garonne.	Clermont	19.e..	Puy-de-Dôme.
Montauban	*id.*..	Tarn-et-Garonne.	Périgueux	20.e..	Dordogne.

TABLEAU N.° 9.

RÉPERTOIRE CHRONOLOGIQUE

DES LOIS, ORDONNANCES ET CIRCULAIRES MINISTÉRIELLES SUR LA JURISPRUDENCE MILITAIRE.

DATES.	où RECHERCHER CES LOIS, etc. ?	Pag.	MATIÈRES.
22 Septemb. 1790	*Guide des Juges mil.*	43.	Décret de l'assemblée nationale, portant définition des délits militaires.
28 Août 1791.....	*ibidem.*	44.	— répressif de la révolte.
19 Octobre *id.*.....	*idem.*	48.	Loi concernant le Code militaire.
12 Mai 1793.......	*idem.*	50.	Décret sur la justice militaire.
id. *id.*........	*idem.*	53.	Code pénal militaire.
27 Juillet *id.*......	*idem.*	58.	Décret de la convention nationale contre la trahison.
3 Pluviôse an 2..	*idem.*	59.	— — sur la justice militaire.
3 Germinal *id.*...	*idem.*	64.	— — faux témoins.
18 Prairial *id.*.....	*idem.*	65.	— — témoignages militaires.
4 Nivôse an 4....	*idem.*	68.	Loi contre les embaucheurs et provocateurs à la désertion.
22 Messidor *id.*....	*idem.*	69.	— compétence des conseils militaires.
18 Fructidor *id.*.	*idem.*	70.	— révision des jugemens militaires.
27 *id.* *id.*.	*idem.*	71.	— qui accorde le choix d'un défenseur officieux.
13 Brumaire an 5.	*idem.*	71.	— manière de procéder au jugement des délits militaires.
21 *id.* *id.*.	*idem.*	81.	Code des délits et des peines pour les troupes.
17 Floréal *id.*......	*idem.*	101.	Arrêté du directoire exécutif. — Frais des conseils de guerre.
18 *id.* *id.*...	*idem.*	103.	— — renvoi de procédure.
4 Fructidor *id.*...	*idem.*	105.	Loi additionnelle à celle du 5 Brumaire an 5. — Manière de procéder au jugement des délits militaires.
4 Vendémre an 6	*idem.*	111,	Loi relative aux préposés à la garde des détenus.
18 *id.* *id.*	*idem.*	114.	— portant établissement des conseils permanens de révision.
24 Brumaire *id.*...	*idem.*	138.	— exécution de celle contre les déserteurs.
11 Frimaire.......	*idem.*	140.	— formation des conseils de guerre et de révision dans les places de guerre investies et assiégées.
29 Prairial *id.*.....	*idem.*	141.	— nouvelle instruction après annulation des jugemens.
27 Fructidor *id.*...	*idem.*	*id.*	— attributions des conseils de guerre et de révision.
14 *id.* an 7.	*idem.*	143.	— conseils de guerre particuliers dans les départemens en état de trouble.
19 Vend.re an 12.	*idem.*	144.	Arrêté contre la désertion.
24 Ventôse an 12.	*idem.*	150.	Perte de la qualité de membre de la Légion d'honneur.
30 Thermidor *id.*	*idem.*	152.	Avis du conseil d'état, sur ce qu'on entend par délits militaires.

Suite DU TABLEAU N.º 9.

DATES.	où RECHERCHER CES LOIS, etc. ?		MATIÈRES.
		Pag	
29 Juin 1826......	*Guide des Juges mil.*	277.	Circulaire. — Affranchissem.t et contre-seing des conseils de guerre.
16 Mars 1827......	*idem.*	279.	— — Liquidation des frais de justice militaire.
14 Novemb. 1827.	*idem.*	290.	Instructions sur les insoumis.
23 Janvier 1828..	*idem.*	296.	Ordonnance royale. — Vol de camarades.
5 Septembre *id.*	*idem*	300.	Circul.re — Formation des tableaux des jugemens rendus.
26 Février 1829..	*idem.*	303.	— — Envoi d'état nominatif et compte numérique des travaux des conseils de guerre.
15 Juillet *id.*......	*idem*	319.	Loi interprétative de plusieurs articles de lois pénales.
24 *id. id.*....	*idem.*	322.	Circul.re — Envoi de la loi précédente.
3 Juillet 1830....	*Journal mil.*, 2.e Stre	57.	— — Notification d'un arrêt de la cour de cassation, qui fixe la jurisprudence à suivre par les conseils de guerre pour l'application de la peine des travaux forcés et de la réclusion.
26 Août *id.*.........	*Bulletin des lois.*		Cassation de l'effet de toutes les condamnations politiques depuis le 7 Juillet 1815.
4 Septembre *id.*..	*Journal mil.*, 2e Stre	158.	Application de l'ordonnance précédente.
6 Octobre *id.*.....	*idem. id.*	293.	Sursis à l'exécution de tout jugement portant la peine des fers pour insubordination.
21 *id. id.*....	*idem. id.*	287.	Amnistie pour les sous-officiers et soldats condamnés pour insubordination.
29 *id. id.*....	*idem. id.*	306.	Circulaire pour l'exécution de l'ordonnannce ci-dessus.
22 Janvier 1831..	*idem.* 1.er	102.	— Explicative des dispositions d'une ordonnance royale du 30 Décembre 1830 (non insérée), relative à une amnistie pour fait d'insubordination.
22 Mars *id.*.........	*idem. id.*	381.	Loi sur la garde nationale.
7 Septembre *id.*..	*idem.* 2.e Stre	182.	Sursis à l'exécution des condamnations à la peine de mort.
23 Décembre *id.*...	*idem. id.*	355.	Précautions à prendre pour éviter que les militaires ivres se rendent coupables d'insubordination.
15 Février 1832..	*idem.* 1.er Stre	90.	Ordre itératif de surseoir à l'exécution de la peine des fers pour insubordination.
28 *id. id.*..	Greffe des cons de guerre.		Plus ample informé dans une affaire.
19 Mars *id.*.......	*idem. id. id.*		Un conseil de guerre n'a pas à examiner si un militaire, prévenu d'un délit, est légalement ou non sous les drapeaux.
4 Juin *id.*.........	*Journal mil.* 1.er Stre	485.	Instruction sur le cours que doit avoir la justice militaire dans les départemens de l'Ouest, en état de siége.
7 *id. id.*.........	*idem. id.*	498.	Mise en état de siége de Paris.
31 Juillet *id.*.......	Greffe des cons. de guerre.		Circulaire relative à la question des circons-

DATES.	où RECHERCHER CES LOIS, etc. ?			MATIÈRES.
			Pag.	tances atténuantes, *annulée par l'arrêt de la cour de cassation, du 2 Mars 1833.*
5 Septemb. 1832	Greffe des cons. de guerre.			Observations sur des jugemens rendus par les conseils de guerre de la 19.e division mi-militaire.
12 Octobre *id*.....	*Journal mil.*, 2.e S^{tre}		371.	Circulaire. — Poursuite des insoumis.
12 *id. id*.....	*idem. id.*		372.	Instruction. — Même objet que ci-dessus.
8 Novembre *id*..	*idem. id.*		453.	Circul.^{re}— Envoi, d'après le modèle donné, des jugemens rendus par les conseils de guerre.
12 *id. id*....	*idem. id.*		440.	— — Surveillance des chefs de corps pour prévenir les délits d'insu-bordination.
3 Décembre *id*..	*idem. id.*		467.	Ordon.^{ce} royale. — Surveillance des maisons centrales de détention, dites maisons pénitencières militaires.
17 *id. id*....	*idem. id.*		350.	Circulaire aux préfets. — Modification des jugemens militaires, lorsque le domicile des condamnés est inconnu.
9 *id.* 1833.	*idem. id.*		321.	Rapport au Roi sur la justice militaire, en 1832.
29 Mars *id*.......	*idem.*	1.er S^{tre}	224.	Circulaire. — Instructions sur l'arrêt de la cour de cassation, relatif à la question de circonstances atténuantes,
30 *id. id*....	*idem. id.*		226.	Les états de jugemens notifiés, transmis par les conseils d'administration principaux au Ministre de la guerre, doivent comprendre ceux notifiés aux conseils d'administration éventuels.
29 Avril *id*........	*idem. id.*		273.	Manière de procéder à l'égard des insoumis.
29 *id.* 1834.	*idem. id.*		13.	Frais de justice militaire.
13 Février *id*.....	*idem. id.*		3.	Fonctions d'officiers de police judiciaire attribuées aux maréchaux-des-logis et brigadiers de gendarmerie dans l'Ouest.
13 *id. id*.....	*idem. id.*		50.	Exécution des circulaires du 1.er Mars 1834.
9 Juin *id*.........	Greffe des cons. de guerre.			Observations sur plusieurs jugem... — Vol avec effraction. — Circonstan... s atténuantes.
28 Mai *id*.........	*idem*	1.er S.^{tre}		Circulaire relative aux fonctions du rapporteur et du commissaire du Roi, *annulée par arrêt de la cour de cassation, du 19 Décembre 1834.*
19 Décembre *id*..	*idem.*	*id.*		La prescription n'existe pas pour le délit d'insoumission.
26 Janvier 1835..	*idem.*	*id.*		Modifications à la circulaire du 28 Mai 1834, relative à l'arrêt de la cour de cassation, du 19 Décembre 1834, sur les fonctions du rapporteur et du commissaire du Roi.

Tableau n.° 10.

RÉPERTOIRE CHRONOLOGIQUE
DES ARRÊTS
DE LA COUR DE CASSATION,
RELATIFS A LA JURISPRUDENCE MILITAIRE.

DATES.	où RECHERCHER CES ARRÊTS ?		MATIÈRES.
		Pag.	
8 Décemb. 1806.	*Manuel des Cons. de guerre,*	8.	Confirmatif des lois des 24 Brumaire et 17 Vendémiaire an 6, art. 13 et 14.
9 Avril 1813.....	*idem.*	33.	L'innocence ou la culpabilité ne doivent pas résulter d'un sens implicite; tout doit être positif à cet égard.
21 Mai *id.........*	*idem.*	301.	Annulation d'une ordonnance de président de cour d'assises.
15 Juillet *id........*	*idem.*	34.	Question de complicité.
11 Décemb. 1817.	*idem.*	184.	Déduction de l'absence d'un déserteur.
15 Mars 1822.....	*idem.*	301.	Annulation d'un jugement d'incompétence, rendu par le 1.er conseil de guerre de la 16.e division militaire.
22 Août *id.........*	*idem.*	77.	Consacrant, contrairement à d'autres arrêts de la même cour, le principe que les embaucheurs non militaires sont justiciables des conseils de guerre.
5 Février 1824..	*idem.*	301.	Annulation de trois jugemens d'incompétence, rendus par le 2.e conseil de guerre de la division des Pyrénées-Orientales, basée sur ce que l'art. 441 du Code d'instruction criminelle a remplacé, pour les matières criminelles, l'art. 80 de la loi du 27 Ventôse an 8.
13 Juillet 1825...	*idem.*	16.	Admission du principe, que c'est sans doute *un devoir moral* pour un avocat de défendre les accusés devant les tribunaux militaires; mais que, s'il y a des empêchemens, il ne peut être tenu d'en justifier que devant le conseil de son ordre, et dans le cas où il en serait requis par ce conseil.
15 Septembre *id..*	*idem.*	184.	L'administration militaire est seule compétente pour juger si un militaire est légalement ou non sous les drapeaux.
11 Mars 1826.....	*idem.*	83.	Les employés d'un magasin militaire de fourrages ne sont pas justiciables d'un conseil de guerre, lorsque leur service a lieu auprès d'un détachement de troupes employées dans l'intérieur, et qui n'est ni organisé en corps d'armée, ni mis sur le pied de guerre.
20 Avril 1827.....	*Guide des Juges mil.*	284.	Sur une fausse application du Code pénal civil.

DATES.	où RECHERCHER CES ARRÊTS ?		MATIÈRES.
		Pag.	
14 Décemb. 1827.	*Manuel des Cons. de guerre.*	110.	La circonstance qu'un délit a été commis à quelques kilomètres au-delà des limites d'une garnison, ne peut soustraire le coupable à la juridiction militaire.
22 Février 1828..	*idem.*	206.	Un vol commis par un militaire en état de désertion, rend, pour ce fait de vol, le coupable justiciable des tribunaux ordinaires.
18 Juillet *id*......	*idem.*	60.	Lorsqu'un délit ne présente aucune connexité, s'il a été commis par des individus militaires et par des non-militaires, les délinquans non-militaires sont justiciables, pour ce délit, des tribunaux militaires, et les délinquans militaires doivent être jugés par un conseil de guerre.
11 Décembre *id*..	*idem.*	57.	Un délit commis par un militaire embarqué sur un navire de commerce nolisé par l'Etat, rend le coupable justiciable d'un conseil de guerre permanent, et *non d'un tribunal maritime.*
23 Janvier 1829..	*idem.*	184 et 193.	Confirmatif de ceux des 11 Décembre 1817, 15 Septembre 1825 et 17 Janvier 1826.
3 Juillet *id*......	*idem.*	120.	Un congé de libération provisoire a nécessairement les effets d'un congé ordinaire et temporaire, et fait, pendant sa durée, rentrer le militaire qui en jouit sous la juridiction ordinaire pour les délits communs.
18 Septembre *id.*	*idem.*	36.	Les militaires prévenus du délit de contrebande sont justiciables des tribunaux ordinaires.
10 Juin 1830......	*idem.*	50.	La dégradation militaire remplace, pour les militaires, le carcan et toutes les aggravations des peines infamantes prescrites par les lois ordinaires.
17 *id. id*.........	*idem.*	81.	Nul délit n'est militaire, s'il n'a pas été commis par des individus attachés à l'armée, faisant partie de l'armée.
22 Juillet *id*......	*idem.*	301.	Confirmatif, quant au point de droit, de celui du 15 Mars 1822.
14 Février 1831..	*idem.*	74 et 75.	Arrêt *de la cour royale* de Toulouse, sur le crime d'embauchage, *cassé par arrêt de la cour de cassation, du 2 Avril* 1831, *ci-dessous.*
3 Mars *id*........	*idem.*	113	Les invalides logés à l'Hôtel des Invalides sont justiciables d'un conseil de guerre.
2 Avril *id*........	*idem.*	77.	Les embaucheurs non-militaires sont justiciables des tribunaux ordinaires, et non des conseils de guerre permanens. (*Contradictoire de celui du* 22 *Août* 1822).
17 Juin *id*.........	*idem.*	78.	Confirmatif du précédent.
18 Août *id*........	Greffe des cons. de guerre.		Confirmatif de l'avis du conseil d'état, du 5 Germinal an 11, qui décide que l'organisation du corps législatif et le mode actuel

DATES.	où RECHERCHER CES ARRETS ?	MATIÈRES.
	Pag.	de la formation de la loi ne permettent plus le référé au corps législatif, et que, par conséquent, l'art. 23 de la loi du 18 Vendémiaire an 6, étant implicitement abrogé. *c'est toujours, et dans tous les cas, à la cour de cassation que recours* doit être fait, en cas de double annulation par les conseils de révision, d'un jugement rendu par un conseil de guerre permanent.
29 Juin 1832......	*Journal mil.* 1er S. tre 534.	Relatif à la compétence des conseils de guerre.
2 Mars 1833	*idem.*	Jurisprudence à suivre par les conseils de guerre, relativement à la question de circonstances atténuantes.
19 Décemb. 1834.	Greffe des cons. de guerre.	Annulation de la circulaire ministérielle du 28 Mai 1834, portant fausse interprétation de la loi du 13 Brumaire an 5, en ce qui concerne les fonctions du rapporteur et du commissaire du Roi.

Pour compléter, autant que possible, ce Manuel de Législation militaire, nous donnerons ici un résumé des quatre lois principales, actuellement constitutives de notre armée française. Ces lois sont celles : sur le recrutement; — sur l'avancement; — sur l'état des officiers ; — sur les pensions militaires.

Nous donnerons aussi un résumé des ordonnances royales des 26 Mars 1816, 25 Novembre 1818, 18 Octobre 1829, et des instructions du 7 Avril 1831, relatives à l'ordre de la Légion d'honneur.

I. *Loi de recrutement.*

1. L'armée se recrute par des appels et des engagemens volontaires.

2. Nul n'est admis à servir dans les troupes françaises, s'il n'est Français.

21 Mars 1832.

Journal militaire, 1.er semestre 1832. pag. 165 à 177.

Tout individu né en France de parens étrangers est soumis à l'appel du recrutement, s'il a acquis la qualité de Français, conformément à l'art. 9 du Code cvil.

Sont exclus du service militaire : les individus condamnés à une peine afflictive et infamante; — ceux condamnés à une peine correctionnelle de deux ans d'emprisonnement et au-dessus, placés en outre par leur condamnation sous la surveillance de la haute police, et interdits des droits civiques et de famille.

3. L'armée se compose dans les proportions qui résultent des lois annuelles des finances et du contingent : — de l'effectif entretenu sous les drapeaux; — des hommes qui sont laissés dans leurs foyers, ou envoyés chez eux en congé.

4. Chaque fois qu'il y a appel par une loi de recrutement, le tableau de la répartition entre les départemens , du nombre d'hommes à fournir pour les troupes de terre et de mer, est annexé à ladite loi. Cette même loi fixe aussi le mode de répartition.

5. Le contingent assigné à chaque canton sera fourni par un tirage au sort entre les jeunes français qui auront leur domicile légal dans le canton , et qui auront atteint l'âge de vingt ans révolus dans le courant de l'année précédente.

6. Sont considérés comme légalement domiciliés dans le canton : les jeunes gens même émancipés, engagés, établis au-dehors, expatriés, absens ou détenus, si d'ailleurs leurs père, mère ou tuteurs, ont leur domicile dans une des communes du canton, ou s'ils sont fils d'un père expatrié qui avait

son dernier domicile dans une desdites communes;
— les jeunes gens mariés dont le père, ou la mère
à défaut de père, sont domiciliés dans le canton,
à moins qu'ils ne justifient de leur domicile réel
dans un autre canton; — les jeunes gens mariés
et domiciliés dans le canton, alors même que leur
père ou leur mère n'y seraient pas domiciliés; —
les jeunes gens nés et résidant dans le canton, qui
n'auraient ni leur père, ni leur mère, ni tuteur;
— les jeunes gens résidant dans le canton, qui ne
seraient dans aucun des cas précédens, et qui ne
justifieraient pas de leur inscription dans un autre
canton.

7. Seront, d'après la notoriété publique, considérés comme ayant l'âge requis pour le tirage,
les jeunes gens qui ne pourront pas produire ou
n'auront pas produit, avant le tirage, un extrait
des registres de l'état civil, constatant un âge dif-
férent, ou qui, à défaut de registres, ne pourront
prouver ou n'auront pas prouvé leur âge, conformément à l'art. 46 du Code civil; ils suivront
la chance du numéro qu'ils auront obtenu.

8. Les tableaux de recensement des jeunes gens
du canton soumis au tirage, d'après les règles précédentes, seront dressés par les maires, sur la déclaration à laquelle seront tenus les jeunes gens,
leurs parens ou tuteurs; — d'office, d'après les
registres de l'état civil, et tous autres documens et
renseignemens. Ils seront ensuite publiés et affichés
dans chaque commune, et dans les formes prescrites par les art. 63 et 64 du Code civil. Un avis
publié dans les mêmes formes indiquera les lieu,
jour et heure où il sera procédé à l'examen desdits

tableaux, et à la désignation par le sort du contingent cantonnal.

9. Si, dans l'un des tableaux de recensement des années précédentes, des jeunes gens ont été omis, ils seront inscrits sur le tableau de l'année qui suivra celle où l'omission aura été découverte, à moins qu'ils n'aient *trente ans accomplis*.

10. Dans les cantons composés de plusieurs communes, l'examen des tableaux de recensement et le tirage au sort auront lieu au chef-lieu de canton, en séance publique, devant le sous-préfet, assisté des maires du canton. Dans les communes qui forment un ou plusieurs cantons, le sous-préfet sera assisté du maire et de ses adjoints. Le tableau sera lu à haute voix. Les jeunes gens, leurs parens ou ayant-cause, seront entendus dans leurs observations. Le sous-préfet *statuera*, après avoir pris l'avis des maires. Le tableau rectifié, s'il y a lieu, et définitivement arrêté, sera revêtu de leurs signatures. Dans les cantons composés de plusieurs communes, l'ordre dans lequel elles seront appelées pour le tirage sera, chaque fois, indiqué par le sort.

11. Le sous-préfet inscrira en tête de la liste du tirage les noms des jeunes gens qui se trouveront dans les cas prévus par le 2.ᵉ paragraphe de l'art. 38 de la présente loi (1). Les premiers numéros leur seront attribués de droit. Ces numéros seront en conséquence extraits de l'urne avant l'opération du tirage.

12. Avant de commencer l'opération du tirage, le sous-préfet comptera publiquement les numéros

----

(1) Voir la note à l'avant-dernier paragraphe de l'art. 14.

déposés dans l'urne ; et après s'être assuré que ce nombre est égal à celui des jeunes gens appelés à y concourir, il en fera la déclaration à haute voix. Aussitôt après, *chacun* des jeunes gens appelés dans l'ordre du tableau prendra dans l'urne un numéro qui sera immédiatement proclamé et inscrit. Les parens des absens, ou à leur défaut le maire de la commune, tireront à leur place. L'opération du tirage achevée, sera définitive; elle ne pourra, sous aucun prétexte, être recommencée, et chacun gardera le numéro qu'il aura tiré. La liste, par ordre de numéros, sera dressée au fur et à mesure du tirage. Il y sera fait mention des cas et des motifs d'exemption ou de déduction que les jeunes gens ou leurs parens, ou les maires des communes, se proposeront de faire valoir devant le conseil de révision dont il sera parlé ci-après. Le sous-préfet y ajoutera ses observations. La liste du tirage sera ensuite lue, arrêtée et signée de la même manière que le tableau de recensement, et annexée avec ledit tableau au procès-verbal des opérations; elle sera publiée et affichée dans chaque commune du canton.

13. Seront exemptés et remplacés, dans l'ordre des numéros subséquens, les jeunes gens que leur numéro désignera pour faire partie du contingent, et qui se trouveront dans un des cas suivans, savoir : ceux qui n'auront pas la taille d'un mètre cinquante-six centimètres; — ceux que leurs infirmités rendront impropres au service, l'aîné des orphelins de père et de mère ; — le fils unique, ou l'aîné des fils, ou, à défaut de fils ou de gendre, le petit-fils unique ou l'aîné des petits-fils d'une femme actuellement

veuve, ou d'un père aveugle ou entré dans sa *soixante et dixième* année. Dans les deux derniers cas susmentionnés, le frère puîné jouira de l'exemption, si le frère aîné est aveugle ou atteint de toute autre infirmité incurable qui le rende impotent. Le plus âgé des deux frères appelés à faire partie du même tirage, et désignés tous deux par le sort, si le plus jeune est reconnu propre au service; — celui dont un frère sera sous les drapeaux à tout autre titre que pour remplacement; — celui dont un frère sera mort en activité de service, ou aura été réformé, ou admis à la retraite pour blessures reçues dans un service commandé, ou infirmités contractées dans les armées de terre ou de mer. L'exemption accordée, conformément aux deux paragraphes qui précèdent celui ci-dessus, sera appliquée dans la même famille, autant de fois que les mêmes droits s'y reproduiront. Seront comptées néanmoins, en déduction desdites exemptions, les exemptions déjà accordées aux frères vivans, en vertu du paragraphe concernant celui dont un frère sera mort en activité de service, ou aura été réformé ou admis à la retraite, pour blessures reçues dans un service commandé, mais non pour infirmités contractées dans les armées de terre et de mer. Le jeune homme omis qui ne se sera pas présenté, par lui ou ses ayant-cause, pour concourir au tirage, ne pourra jouir d'aucun des cas d'exemption, si ce n'est des deux premiers susrelatés, si les causes de ces exemptions ne sont survenues que postérieurement à la clôture des listes du contingent de sa classe.

14. Seront considérés comme ayant satisfait à

l'appel, et comptés numériquement en déduction du contingent à former, les jeunes gens désignés par leurs numéros pour faire partie du contingent à former, qui se trouvent dans l'un des cas suivans : — ceux qui seraient déjà liés au service, dans les armées de terre ou de mer, en vertu d'un engagement volontaire, d'un brevet ou d'une commission, sous la condition qu'ils seront, *dans tous les cas*, tenus d'accomplir le temps de service prescrit par la présente loi ; — les jeunes marins portés sur les registres-matricules de l'inscription maritime, conformément aux règles prescrites par les art. 1.er, 2, 3, 4 et 5 de la loi du 25 Octobre 1795 (3 Brumaire an 4), et les charpentiers de navire, perceurs, voiliers et calfats immatriculés, conformément à l'art. 44 de ladite loi. ; — les élèves de l'école polytechnique, à condition qu'ils passeront, soit dans ladite école, soit dans les services publics, un temps égal à celui fixé par la présente loi pour le service militaire; — ceux qui étant membres de l'instruction publique, auraient contracté avant l'époque déterminée pour le tirage au sort, et devant le conseil de l'université, l'engagement de se vouer à la carrière de l'enseignement; la même disposition est applicable aux élèves de l'école normale centrale de Paris, à ceux de l'école dite *de Jeunes de Langue*, et aux professeurs des institutions royales des sourds-muets; — les élèves des grands séminaires, régulièrement autorisés à continuer leurs études ecclésiastiques; les jeunes gens autorisés à continuer leurs études, pour se vouer au ministère dans les autres cultes salariés par l'État, sous la condition, pour les premiers, que, s'ils ne sont pas entrés dans les ordres majeurs à vingt-cinq ans accomplis, et pour les seconds, que, s'ils n'ont pas reçu la consécration dans l'année qui suivra celle où ils auraient pu la recevoir, ils seront tenus d'accomplir le temps de service prescrit par la présente loi ; — les jeunes gens qui auront remporté les grands prix de l'institut et de l'université ; — les jeunes gens désignés par leur numéro pour faire partie du contingent cantonal, et qui en auront été déduits conditionnellement, conformément à cet article, lorsqu'ils cesseront de suivre la carrière en vue de laquelle ils auront été comptés en déduction du contingent, seront tenus tous, excepté les marins, d'en faire la déclaration au maire de leur commune, dans l'année où ils auront cessé leurs services, fonctions ou études, et de retirer expédition de leur déclaration. — Faute par eux de faire cette déclaration, et de la soumettre au visa du préfet du département dans le délai d'un mois, ils seront passibles des peines prononcées par le premier paragraphe de l'art. 38 (1) de la présente loi. — Ils seront rétablis dans le contingent de leurs classes, sans déduction du temps écoulé depuis la cessation desdits services, fonctions ou études, jusqu'au moment de la déclaration.

---

(1) Aux termes des articles 38 et 39 de cette loi, 1.º toute fraude ou manœuvre par suite desquelles un jeune homme aura été omis sur les tableaux de recensement, seront déférées aux tribunaux ordinaires, et punies d'un emprisonnement d'un mois à un an. Le jeune homme omis, s'il a été condamné comme auteur ou complice desdites fraudes ou manœuvres, sera, à l'expiration de sa peine, inscrit sur la liste du tirage, ainsi que le prescrit l'article 11 ; 2.º L'insoumis est jugé par le conseil de guerre de la division militaire où il a été arrêté. Le temps pendant lequel a duré son insoumission ne compte pas en déduction des sept années de service exigées

Conseil de Révision.

15. Les opérations du recrutement seront revues, les réclamations auxquelles ces opérations
auraient pu donner lieu seront entendues, et les
causes d'exemption et de déduction seront jugées,
en séance publique, par un conseil de révision,
composé du préfet, *président,* ou, à son défaut,
du conseiller de préfecture qu'il aura délégué; d'un
conseiller de préfecture, d'un membre du conseil
général du département, d'un membre du conseil
de l'arrondissement, tous trois désignés par le
préfet; d'un officier-général ou supérieur désigné
par le Roi. Un membre de l'intendance militaire
assistera aux opérations du conseil de révision : il
sera entendu toutes les fois qu'il le demandera, et
pourra faire consigner ses observations aux registres des délibérations; le conseil de révision se
transportera dans les divers cantons; toutefois,
suivant les localités, le préfet pourra réunir dans
le même lieu plusieurs cantons pour les opérations
du conseil; le sous-préfet, ou le fonctionnaire par
lequel il aura été suppléé pour les opérations du
tirage, assistera aux séances que le conseil de révision tiendra dans l'étendue de son arrondissement : il y aura voix consultative.

16. Les jeunes gens qui, d'après leurs numéros,
pourront être appelés à faire partie du contingent,
seront convoqués, examinés et entendus par le conseil de révision; s'ils ne se rendent point à la convocation, ou s'ils ne se font pas représenter, ou
s'ils n'obtiennent pas un délai, il sera procédé
comme s'ils étaient présens ; dans les cas d'exemp-

tion pour infirmité, les gens de l'art seront consultés ; les autres cas d'exemption ou de déduction seront jugés sur la production des documens authentiques, ou, à défaut de documens, sur des certificats signés de trois pères de famille domiciliés dans le même canton, dont les fils sont soumis à l'appel ou ont été appelés ; ces certificats devront en outre être signés et approuvés par le maire de la commune du réclamant.

17. Le conseil de révision statuera également sur les substitutions de numéro et les demandes de remplacement.

18. Les substitutions de numéro sur la liste cantonnale, pourront avoir lieu, si celui qui se présente à la place de l'appelé est reconnu propre au service par le conseil de révision.

Remplacemens. — Remplaçans.

19. Les jeunes gens compris définitivement dans le contingent cantonal pourront se faire remplacer, mais seulement aux conditions suivantes : le remplaçant devra, 1.º être libre de tout service et obligations imposées, soit par la présente loi, soit par celle du 25 Octobre 1795, sur l'inscription maritime ; 2.º être âgé de 20 à 30 ans au plus, ou de 20 à 35 ans s'il a été militaire, ou de 18 à 30, s'il est frère du remplacé ; 3.º n'être ni marié ni veuf avec enfans ; 4.º avoir au moins la taille d'un mètre 56 centimètres, s'il n'a pas déjà servi dans l'armée, et réunir les autres qualités requises pour faire un bon service ; 5.º n'avoir pas été réformé du service militaire ; 6.º suivant sa position, être porteur des certificats ci-après :

20. Un certificat du maire de la commune de son dernier domicile, s'il ne compte pas au moins une année de séjour dans cette commune; il devra aussi en fournir un autre du maire de la commune ou des maires des communes où il aura été domicilié pendant le cours de cette année. Les certificats devront contenir le signalement du remplaçant et attester : 1.º la durée du temps pendant lequel il a été domicilié dans la commune; 2.º qu'il jouit de ses droits civils; qu'il n'a jamais été condamné à une peine correctionnelle pour vol, escroquerie, abus de confiance ou attentat aux mœurs; dans le cas où le maire de la commune ne connaîtrait pas l'individu qui ferait la demande de ce certificat, il devra en constater légalement l'identité, et recueillir les preuves et témoignages qu'il jugera convenables pour arriver à la connaissance de la vérité.

21. Si le remplaçant a été militaire, outre le certificat du maire, il devra produire un certificat de bonne conduite du corps dans lequel il aura servi.

22. Le remplaçant sera admis par le conseil de révision du département dans lequel le remplacé a concouru au tirage.

23. Le remplacé sera, *pour le cas de désertion*, responsable de son remplaçant pendant un an, à compter du jour de l'acte passé devant le préfet; il sera libéré si le remplaçant meurt sous les drapeaux, ou si, en cas de désertion, il est arrêté pendant l'année.

24. Les actes de substitution et de remplacement seront reçus par le Préfet dans les formes prescrites par les actes administratifs. Les stipulations particulières qui pourraient avoir lieu entre

les contractans, à l'occasion des substitutions et remplacemens, seront soumises aux mêmes règles et formalités que tout autre contrat civil.

Suite des attributions du Conseil de révision.

25. Hors les cas que nous allons indiquer dans les deux articles ci-après, les décisions du conseil de révision sont définitives.

26. Lorsque les jeunes gens désignés par leur numéro pour faire partie du contingent cantonal, auront fait des réclamations dont l'admission ou le rejet dépendra de la décision à intervenir sur des questions judiciaires relatives à leur état ou à leur droit civil, des jeunes gens en pareil nombre, suivant l'ordre du tirage, seront désignés pour suppléer ces réclamans, s'il y a lieu. Ils ne seront appelés que dans le cas où, par l'effet des décisions judiciaires, les réclamans seraient définitivement libérés. Ces questions seront jugées contradictoirement avec le Préfet, à la requête de la partie la plus diligente. Les Tribunaux statueront sans délai, le ministère public entendu, sauf appel.

27. La disposition du paragraphe précédent, relatif aux jeunes gens appelés conditionnellement, sera également appliquée, lorsqu'aux termes de l'art. 41, sous le titre *dispositions pénales*, des jeunes gens auront été déférés aux Tribunaux comme prévenus de s'être rendus impropres au service, lorsque le conseil de révision aura accordé un délai pour production de pièces justificatives, ou pour cas d'absence, lequel délai ne pourra excéder vingt jours.

28. Après que le conseil de révision aura statué

sur les exemptions, déductions, substitutions, remplacemens, ainsi que sur toutes les réclamations auxquelles les opérations de recrutement auront pu donner lieu, la liste du contingent de chaque canton sera définitivement signée et arrêtée par le conseil de révision, et les noms inscrits seront proclamés. Les jeunes gens qui, aux termes des deux articles précédens, seront appelés les uns à défaut des autres, ne seront inscrits sur la liste du contingent que conditionnellement et pour la réserve de leurs droits. Le conseil déclarera ensuite que les jeunes gens qui ne sont pas inscrits sur cette liste sont définitivement libérés. Cette déclaration, avec l'indication du dernier numéro compris dans le contingent cantonal, sera publiée et affichée dans chaque commune du canton. Dès que les délais accordés en vertu de l'article précédent seront expirés, ou que les Tribunaux auront statué en exécution de l'avant-dernier article et de l'article 41 de cette loi, le conseil prononcera de la même manière (la libération des réclamans ou des jeunes gens portés sur la liste du contingent), que pour les demandes de substitution et de remplacement. La réunion de toutes les listes du contingent de chaque canton d'un même département formera la liste du contingent départemental.

29. Les jeunes gens définitivement appelés, ou ceux qui ont été admis à les remplacer, seront immédiatement répartis entre les corps de l'armée, et inscrits sur les registres-matricules des corps pour lesquels ils seront désignés. Néanmoins ils seront, d'après l'ordre de leurs numéros et les proportions déterminées par les lois annuelles du contingent,

divisés en deux classes, composées, la première, de ceux qui devront être mis en activité, et la seconde, de ceux qui seront laissés dans leurs foyers. Les jeunes soldats compris dans la seconde classe ne pourront être mis en activité qu'en vertu d'une ordonnance royale.

Durée du service.

30. La durée du service des jeunes soldats appelés sera de sept ans, qui compteront du *premier Janvier* de l'année où ils auront été inscrits sur les registres-matricules des corps de l'armée.

Le trente et un Décembre de chaque année, en temps de paix, les soldats qui auront achevé leur temps de service, recevront leur congé définitif; ils le recevront en temps de guerre, immédiatement après l'arrivée au corps du contingent destiné à les remplacer. Lorsqu'il y aura lieu d'accorder des congés illimités, ils seront délivrés, dans chaque corps, aux militaires les plus anciens de service effectif sous les drapeaux, et de préférence à ceux qui les demanderont. Les hommes laissés ou envoyés en congé pourront être soumis à des revues ou à des exercices périodiques qui seront fixés par le Ministre de la guerre.

Des Engagemens.

31. Il n'y aura dans les troupes françaises ni prime en argent, ni prix quelconque d'engagement.

32. Tout Français sera reçu à contracter un engagement volontaire aux conditions suivantes : l'engagé volontaire devra, 1.° s'il entre dans l'armée de

mer, avoir seize ans accomplis, sans être tenu d'avoir la taille prescrite par la loi, mais sous la condition qu'à l'âge de dix-huit ans il ne pourra être reçu s'il n'a pas cette taille; 2.º s'il entre dans l'armée de terre, avoir dix-huit ans accomplis, et au moins la taille de 1 mètre 56 centimètres; 3.º jouir de ses droits civils; 4.º n'être ni marié, ni veuf avec enfans; 5.º être porteur d'un certificat de bonnes vie et mœurs, délivré dans les formes prescrites au titre *Remplaçans*, et s'il a moins de vingt ans, justifier du consentement de ses père, mère ou tuteur. Ce dernier devra être autorisé par une délibération du conseil de famille. Les conditions relatives, soit à l'aptitude militaire, soit à l'admissibilité dans les différens corps de l'armée, seront déterminées par des ordonnances du Roi insérées au *Bulletin des Lois.*

L'ordonnance royale du 28 Avril 1832 ayant fixé ces conditions, nous donnerons de suite ici les dispositions de cette ordonnance relatives aux engagemens volontaires.

Des Engagemens volontaires.

Art. 1.ᵉʳ Tout Français qui demandera à contracter un engagement volontaire pour servir dans l'armée de terre, devra, indépendamment des conditions exigées par l'art. 32 de la loi, réunir les qualités suivantes : 1.º Être sain, robuste et bien constitué; 2.º ne pas être âgé de plus de trente ans révolus; 3.º avoir, selon l'arme à laquelle il se destine et le corps dans lequel il demande à entrer, au moins le minimum, et au plus le maximum de

Ordonnance royale du 28 Avril 1832.

Journal militaire, 1.ᵉʳ semestre 1832, pag. de 335 à 339.

taille fixé dans le tableau joint à la présente ordonnance ; pour les régimens d'infanterie de ligne et légère, cette taille, à l'égard de laquelle il n'est pas prescrit de maximum, est de *un mètre cinq cent soixante millimètres*, ou 4 pieds 9 pouces 7 lignes et demie. (Voir le tableau dont il est question ici quant à la taille exigée pour la cavalerie et les corps spéciaux, ainsi que pour les conditions d'aptitude et de profession voulues. — *Journal militaire*, 1.er semestre 1832, pag. 340 et 341); 4.º remplir l'une des conditions d'aptitude, ou exercer l'une des professions indiquées au même tableau.

2. Les Français qui ont déjà servi seront, jusqu'à trente-cinq ans révolus, reçus à s'engager pour l'arme dont ils auront fait partie. Passé l'âge de trente ans, ils ne seront admis dans une autre arme que s'ils exercent une profession utile à cette arme.

3. Les anciens militaires âgés de plus de trente-cinq ans ne pourront contracter d'engagement volontaire que pour les compagnies de vétérans, et ils n'y seront reçus que jusqu'à l'âge de quarante-cinq ans accomplis.

4. Tout Français servant comme gagiste dans un corps de troupes françaises, et qui contractera un engagement volontaire, conformément à la loi, sera reçu à compter, comme temps de service militaire, le temps qu'il aura passé sous les drapeaux en qualité de gagiste.

Le temps passé dans un corps comme gagiste avant l'âge de dix-huit ans accomplis, ne sera pas compté comme temps de service militaire. L'engagement volontaire des gagistes n'aura lieu que sur l'autorisation des inspecteurs-généraux d'arme.

5. L'engagement volontaire sera toujours contracté pour l'arme à laquelle l'engagé se destine.

6. Tout Français qui demandera à s'engager, devra faire constater qu'il a les qualités requises pour l'arme à laquelle il se destine. A cet effet, il se présentera devant le chef du corps dans lequel il désire prendre du service, ou devant l'officier de recrutement du département, ou l'officier de gendarmerie le plus voisin de sa résidence.

7. Après s'être assuré que l'engagé a la taille et les autres qualités requises par la présente ordonnance pour le service militaire et l'arme à laquelle il se destine, l'officier fera constater, en sa présence, par un docteur en médecine ou en chirurgie, et à défaut de l'un ou de l'autre, par un officier de santé employé pour les actes de l'état civil ou de la police judiciaire, ou attaché à un hospice civil ou militaire, si cet engagé n'a aucune infirmité apparente ou cachée, et s'il est d'une constitution saine et robuste.

L'art. 8 prescrit au contractant, lorsqu'il sera muni du certificat d'acceptation de l'autorité militaire, de se présenter devant le maire d'un chef-lieu de canton, seul apte à dresser l'acte d'engagement ; d'y justifier de son âge par des pièces authentiques ; de produire le certificat de bonnes vie et mœurs prescrit par l'art. 20 de la loi. L'art. 9 prescrit les déclarations qui doivent être faites au maire par le contractant, dont il doit constater l'identité. — Ces déclarations, faites en présence des deux témoins exigés par l'art. 37 du Code civil, sont : 1.º qu'il n'est ni marié ni veuf avec enfans ; 2.º qu'il n'est lié au service de terre ou de mer, ni comme engagé volontaire ou rengagé, ni comme appelé ou substituant, ni comme remplaçant ou inscrit maritime. Lesdites déclarations sont insérées dans l'acte d'engagement.

10. Si l'engagé a déjà servi, il devra justifier qu'il est dégagé des obligations qui lui étaient imposées, en produisant le titre en vertu duquel il est rentré dans ses foyers, ou a été congédié ou licencié. Les inscrits maritimes auront à présenter un acte de déclassement signé par le commissaire de l'inscription maritime de leur quartier.

11. Les jeunes gens désignés par le sort pour faire partie du contingent de leur classe, ne seront reçus à s'engager que jusqu'au jour de la clôture de la liste du contingent de leur canton.

12. La durée de l'engagement est fixée à sept ans, sauf le cas exceptionnel prévu à l'art. 33 de la loi, et dont l'application sera réglée par une ordonnance royale. — La durée du service de l'engagé volontaire comptera du jour où il aura souscrit son acte d'engagement.

13. L'acte d'engagement volontaire sera conforme au modèle joint à la présente ordonnance. (*Journal militaire*, 1.ᵉʳ semestre 1832, p. 343.)

14. Avant la signature de l'acte, le maire du chef-lieu du canton donnera lecture à l'engagé, 1.º des art. 2, 31, 32, 33 et 34 de la loi du 21 Mars 1832, relatifs aux engagemens volontaires ; 2.º des art. 16 et 17 de la présente ordonnance ; 3.º de l'acte de l'engagement contracté.

15. Tout engagé volontaire recevra immédia-

tement après la signature de son acte d'engagement, une expédition de cet acte, et un ordre
de route pour se rendre à son corps par la voie la
plus directe.

16. Lorsqu'un engagé volontaire sera trouvé
par la gendarmerie hors de la route qui lui aura
été tracée, il sera conduit devant le commandant
de la gendarmerie de l'arrondissement, qui, suivant l'examen des motifs, le fera remettre sur le
chemin qu'il devait suivre, ou conduire de brigade en brigade à son corps.

17. Si un mois après le jour où l'engagé volontaire aura dû arriver au corps, il ne s'y est pas
rendu, et si le chef de corps n'a pas été informé
de son entrée à l'hôpital ou de son décès en route,
l'engagé volontaire sera poursuivi comme insoumis, et puni conformément à l'art. 39 de la loi
du 21 Mars 1832, d'un emprisonnement qui ne
pourra être moindre d'un mois, ni excéder une
année.

18. Tout engagé volontaire qui prétendrait
que l'acte qui le lie au service militaire est illégal
ou irrégulier, devra adresser sa réclamation au
préfet du département où l'acte a été contracté,
ou s'il se trouve sous les drapeaux, au lieutenant-
général commandant la division. Les lieutenans-
généraux et les préfets transmettront les demandes
en annulation d'acte d'engagement volontaire à
notre Ministre secrétaire d'état de la guerre, qui
statuera s'il y a lieu, ou renverra la contestation
devant les tribunaux.

19. L'engagé volontaire reconnu impropre au
service de l'arme dont il a fait choix, ne sera

contraint de servir dans une autre arme, que s'il fait partie du contingent de sa classe, et si son numéro de tirage a été appelé à l'activité.

20. Les douze arrondissemens de Paris étant considérés comme cantons, les maires de ces arrondissemens pourront recevoir les actes d'engagement volontaire.

Loi du 21 Mars 1832 (suite).

33. La durée de l'engagement volontaire sera de sept ans. En cas de guerre, tout Français qui n'appartient à aucun contingent et qui a satisfait à la loi du recrutement, pourra être admis à contracter un engagement volontaire de deux ans. Ces engagemens ne donneront pas lieu aux exemptions prononcées pour celui dont un frère est sous les drapeaux, et pour celui dont un frère sera mort au service ou réformé et retraité pour blessures ou infirmités contractées au service. Dans aucun cas, les engagés volontaires ne pourront être envoyés en congé sans leur consentement.

34. Les engagemens volontaires seront contractés dans les formes prescrites par les art. 34, 35, 36, 37, 38, 39, 40, 42 et 44 du Code civil, devant les maires des chefs-lieux de canton. Les conditions relatives à la durée des engagemens seront insérées dans l'acte même; les autres conditions seront lues au contractant avant la signature, et mention en sera faite à la fin de l'acte; le tout sous peine de nullité.

35. L'état sommaire des engagemens volontaires de l'année précédente sera communiqué aux Chambres lors de la présentation de la loi du contingent annuel.

Des Rengagemens.

36. Les rengagemens pourront être reçus, même pour deux ans, et ne pourront excéder la durée de cinq ans. Les rengagemens ne pourront être reçus que pendant le cours de la dernière année de service due par le contractant. A l'expiration de cette année, ils donneront droit à une haute paie. Les autres conditions seront déterminées par les ordonnances du Roi, insérées au *Bulletin des Lois*.

37. Les rengagemens seront contractés devant les intendans ou sous-intendans militaires, dans les formes prescrites ci-dessus pour les engagemens volontaires, sur la preuve que le contractant peut rester ou être admis dans le corps pour lequel il se présente.

Les dispositions pénales contenues au titre 4 de la présente loi ont été classées au chapitre II de ce précis de législation militaire, art. de 163 à 175 inclusivement.

Les modèles d'actes d'engagement et de rengagement, ainsi que les modèles de certificats à délivrer par les autorités municipales et militaires, à ceux qui se présentent avec l'intention de contracter un engagement volontaire, un rengagement, ou pour remplacer, se trouvent au *Journal militaire*, 1.er semestre 1832, pag. 343, 346, 348 et 349.

Nous avons pensé qu'il était à propos de placer à la suite de la loi de recrutement les deux tableaux n.os 11 et 12 qui suivent, interprétatifs de l'art. 13 de ladite loi.

Enfin, nous terminons ce chapitre par les dispositions de l'ordonnance royale du 28 Avril 1832, relatives aux rengagemens, et par celles des circulaires ministérielles des 23 Janvier 1827 et 10 Août 1832, concernant les remplacemens au corps.

Des Rengagemens.

Ordonnance royale du 28 Avril 1832.

Journal militaire, 1er semestre 1832, pag. de 335 à 339.

21. Les rengagemens seront contractés pour deux, trois, quatre ou cinq ans. Tout militaire qui voudra se rengager devra réunir les conditions suivantes : 1.º être dans le cours de sa dernière année de service ; 2.º être sain, robuste et en état de faire encore un bon service ; 3.º n'avoir pas cinquante ans d'âge ou trente ans de service accomplis.

22. Tout militaire devra, pour être reçu à se rengager, adresser sa demande, soit au chef du corps auquel il appartient, soit au chef du corps dans lequel il a l'intention de continuer à servir. Si sa demande est accueillie, il lui sera délivré une attestation portant : 1.º qu'il réunit les qualités requises pour faire un bon service ; 2.º qu'il a toujours tenu une bonne conduite pendant son séjour au corps ; 3.º qu'il peut rester ou être admis dans le corps pour lequel il se présente.

23. Muni de cette attestation, le militaire se présentera devant le sous-intendant militaire pour contracter l'acte de rengagement.

24. Les rengagemens seront contractés pour l'arme à laquelle le militaire se destine, et dans les formes prescrites par l'art. 34 de la loi. L'acte de rengagement sera conforme au modèle annexé à la présente ordonnance. (*Journal militaire* , 1.er semestre 1832, pag. 346.

25. Le militaire en congé temporaire dans ses foyers, pourra être admis à contracter un rengagement devant le sous-intendant militaire de son département, s'il produit : 1.º un certificat d'aptitude délivré par l'officier de recrutement, portant que le militaire réunit les qualités requises pour faire un bon service; 2.º un certificat du chef de son corps, constatant qu'il y a toujours tenu une bonne conduite. Si le militaire est absent de son corps depuis plus de trois mois, il sera tenu de produire, en outre, un certificat pareil du maire de sa commune; 3.º un certificat du chef du corps dans lequel il demande à entrer, constatant qu'il peut y être admis.

26. Le militaire en congé temporaire dans ses foyers, et qui aura contracté un rengagement, sera immédiatement mis en route pour le corps dans lequel il a demandé à continuer à servir.

27. Quelle que soit la date du rengagement, le nouveau service auquel s'obligera le rengagé ne comptera que du jour où aura cessé le service auquel le militaire était tenu précédemment.

28. Tout militaire auquel il aura été délivré un congé définitif du service actif ne sera plus admis à se rengager; il ne pourra rentrer dans les rangs de l'armée qu'en contractant un acte d'engagement volontaire, conformément à la loi et au titre 1.er de la présente ordonnance.

29. Aux termes de l'art. 36 de la loi, les rengagemens ne pourront être reçus que pendant le cours de la dernière année de service due par le contractant; la haute paie journalière à laquelle ce même article donne droit ne sera allouée au mi-

litaire qu'à l'expiration de cette dernière année, quel que soit le titre en vertu duquel il est lié au service.

30. La haute paie journalière à laquelle ont droit les rengagés de toutes armes, est réglée ainsi qu'il suit :

ARMES.	HAUTE PAIE du PREMIER CHEVRON acquis aux sous-officiers et soldats ayant plus de 7 et moins de 11 ans de service.	HAUTE PAIE du DEUXIÈME CHEVRON acquis aux sous-officiers et soldats ayant plus de 11 et moins de 15 ans de service.	HAUTE PAIE du TROISIÈME CHEVRON acquis aux sous-officiers et soldats ayant plus de 15 ans de service.
Infanterie. — Sous-officiers, fusiliers, vétérans....................................	0f 08c	0f 10c	0f 10c
Autres armes.................................	0 12	0 15	0 15

31. Toutes dispositions des ordonnances antérieures contraires à la présente ordonnance, sont abrogées.

Remplaçans au corps.

Circulaires ministérielles des 23 Janvier 1827, et 10 Août 1832.

Tout militaire légalement libéré du service, et qui n'est pas marié, peut être reçu comme remplaçant au corps où il était avant sa libération, jusqu'à l'âge de trente-cinq ans, et jusqu'à l'âge de trente ans seulement dans un autre corps. Dans les deux cas, l'agrément du chef du corps est indispensable.

Aucun militaire sous les drapeaux ne peut être admis comme remplaçant, s'il ne réunit les conditions imposées par la loi, et s'il lui reste plus de six mois de service à faire pour atteindre l'époque de sa libération.

L'admission des remplaçans est prononcée par le sous-intendant militaire du lieu, sur un mémoire de proposition à lui adressé par le conseil d'administration du corps où ils doivent remplacer. Ce mémoire de proposition devra être appuyé des pièces constatant que les hommes qui veulent remplacer remplissent les conditions légales.

Tableau N.° 11,

INTERPRÉTATIF DU PARAGRAPHE 6 DE L'ART. 15 DE LA LOI DU 21 MARS 1832.

(*Journal militaire*, 1.er semestre 1832, page 251.)

Militaires considérés comme étant sous les drapeaux, et qui, servant à tout autre titre que pour remplacement, confèrent à leurs frères le droit d'exemption.

Officiers généraux des armées de terre et de mer; membres de l'intendance militaire; officiers supérieurs et autres d'état-major et des corps de toutes armes des armées de terre et de mer; officiers de santé des armées de terre et de mer.	Lorsqu'ils sont employés activement.
Sous-officiers, caporaux, brigadiers, soldats, tambours, clairons et trompettes de tous les corps faisant partie de l'armée de terre et de mer.	Lorsqu'ils sont ou à leur corps, ou en congés *illimité* et *temporaire*.
Volontaires de la marine et inscrits maritimes.	Embarqués sur les bâtimens de la marine royale, en temps de guerre seulement.

Militaires considérés comme n'étant pas sous les drapeaux, et ne conférant pas à leurs frères le droit d'exemption.

Officiers généraux des armées de terre et de mer; membres de l'intendance militaire; officiers supérieurs et autres d'état-major et des corps de toutes armes des armées de terre et de mer; officiers de santé des armées de terre et de mer.	Lorsqu'ils ne sont pas employés activement.

Sous-officiers, caporaux, brigadiers, soldats, tambours, clairons et trompettes, ayant fait partie de l'un des corps des armées de terre ou de mer.	Porteurs de congés d'un an, *renouvelables* jusqu'à l'époque de leur libération, ou de congés dits *de renvoi*.
Gagistes-musiciens, maîtres-ouvriers et ouvriers.	Non liés au service comme appelés, substituans, engagés volontaires ou rengagés.

TABLEAU N.º 12,

INTERPRETATIF DU PARAGRAPHE 7 DE L'ART. 15 DE LA LOI DU 21 MARS 1852.

(*Journal militaire*, 1.ᵉʳ semestre 1832.)

Militaires qui, décédés dans l'une des positions ci-après, doivent être considérés comme étant morts en activité de service, et confèrent à leurs frères le droit d'exemption.

Officiers généraux des armées de terre et de mer, membres de l'intendance militaire; officiers supérieurs et autres d'état-major et des corps de toutes armes, des armées de terre et de mer; officiers de santé des armées de terre et de mer.	Pourvus de lettres de service, en disponibilité, en solde de congé, en congés de convalescence, de semestre, temporaire; absens par permission, autorisation.
Sous-officiers, caporaux, brigadiers, soldats, tambours, clairons et trompettes dans tous les corps faisant partie de l'armée de terre et de mer.	En congés de semestre, d'un an, illimité, de convalescence, temporaire; absens par permission, autorisation.
Engagés volontaires, jeunes soldats appelés, sushtituans ou remplaçans,	En route pour rejoindre un corps.

Militaires qui, décédés dans l'une des positions ci-après, ne doivent pas être considérés comme étant morts en activité de service, et ne confèrent pas à leurs frères le droit d'exemption.

Officiers-généraux de terre et de mer; membres de l'intendance militaire; officiers supérieurs et autres d'état-major et des corps de toutes armes des armées de terre et de mer; officiers de santé des armées de terre et de mer.	En réforme avec ou sans traitement.
Sous-officiers, caporaux, brigadiers, soldats, tambours et trompettes de tous les corps de l'armée de terre et de mer.	En état de désertion.
Jeunes soldats immatriculés.	Laissés dans leurs foyers en congés illimités et d'un an, porteurs d'un sursis de départ et d'un certificat provisoire de renvoi.
Gagistes-musiciens, maîtres-ouvriers et ouvriers.	Non liés au service comme appelés, substituans, engagés volontaires ou rengagés.

II. *Loi sur l'avancement dans l'armée.*

Art. 1.er Nul ne pourra être caporal ou brigadier, s'il n'a servi six mois comme soldat.

2. Nul ne pourra être sous-officier, s'il n'a été
six mois caporal ou brigadier.

3. Nul ne pourra être sous-lieutenant : 1.º s'il
n'est âgé de dix-huit ans au moins (clause qui concerne évidemment les élèves seuls des écoles militaires); 2.º s'il n'a servi deux ans comme sous-officier, ou s'il n'a été deux ans aux écoles militaire ou
polytechnique, et satisfait aux examens de sortie.

4. Tous les militaires seront reçus, jusqu'à vingt-
cinq ans, à subir les examens pour l'école polytechnique.

L'instruction ministérielle du 6 Mars 1833 dispose ainsi relativement à l'admission des militaires
au concours pour l'école spéciale militaire de Saint-
Cyr : les sous-officiers et soldats des corps réguliers
de l'armée pourront être admis au concours jusqu'à l'âge de vingt-cinq ans, pourvu qu'ils n'aient
pas accompli cet âge avant le 1.er Janvier de l'année courante, et qu'ils aient au moins deux ans de
service actif sous le drapeau au 1.er Octobre de la
même année. — Ces candidats militaires seront admis au concours dans la ville la plus voisine du
lieu de leur garnison. Des congés temporaires leur
seront délivrés à cet effet, s'il y a lieu, par les
lieutenans-généraux commandant les divisions militaires.

5. Nul ne pourra être lieutenant, s'il n'a servi
au moins deux ans comme sous-lieutenant.

6. Nul ne pourra être capitaine, s'il n'a servi
au moins deux ans dans le grade de lieutenant.

Loi du 14 Avril 1832.
Journal militaire, 1.er
semestre 1832, page 295.

Journal militaire, 1.er
semestre 1833, page 198.

7. Nul ne pourra être chef de bataillon, chef d'escadron ou major, s'il n'a servi quatre ans au moins dans le grade de capitaine.

8. Nul ne pourra être lieutenant-colonel, s'il n'a servi trois ans au moins dans le grade de chef de bataillon, d'escadron ou major.

9. Nul ne pourra être colonel, s'il n'a servi au moins deux ans dans le grade de lieutenant-colonel.

10. Nul ne pourra être promu à un grade supérieur à celui de colonel, s'il n'a servi trois ans dans le grade immédiatement inférieur.

11. Un tiers des grades de sous-lieutenant, vacans dans les corps de troupes de l'armée, sera donné aux sous-officiers des corps où aura lieu la vacance.

12. Les deux tiers des grades de lieutenant et de capitaine seront donnés à l'ancienneté de grade, savoir : dans l'infanterie et la cavalerie, parmi les officiers de chaque régiment; dans le corps d'état-major, sur la totalité des officiers du corps; et dans l'artillerie et le génie, aux officiers susceptibles de concourir entr'eux.

13. La moitié des grades de chef de bataillon et d'escadron sera donnée à l'ancienneté de grade, savoir : dans l'infanterie, la cavalerie et le corps d'état-major, aux capitaines sur la totalité de chaque arme; dans l'artillerie et le génie, aux capitaines susceptibles de concourir entr'eux. Les emplois de major seront au choix du Roi.

14. Tous les grades supérieurs à celui de chef de bataillon ou d'escadron ou major, seront au choix du Roi.

Suppression des 4.mes bataillons d'infanterie.

La supression des quatrièmes bataillons d'infanterie ayant obligé le Ministre de la guerre à laisser des officiers à la suite, dans tous les régimens de cette arme, jusqu'au grade de chef de bataillon inclusivement, il a dû être pris des dispositions spéciales pour concilier les intérêts des officiers qui se trouvent encore dans cette position anormale, et ceux des autres officiers, surtout avec ceux des sous-officiers et des élèves de Saint-Cyr. Une loi toute récente a même dû intervenir pour harmonier les droits de ceux de ces derniers sortis de l'école en 1834, avec les droits des sous-officiers. On trouvera toutes les lois, ordonnances, circulaires, etc., relatives à cette circonstance, au *Journal Militaire* de 1834 et du commencement de 1835. Nous nous abstiendrons d'analyser les différentes dispositions y contenues, bien persuadé que nous sommes que cette anomalie des officiers à la suite cessera très-incessamment.

15. L'ancienneté pour l'avancement sera déterminée par la date du brevet du grade, ou, à date semblable, par celle du brevet du grade inférieur.

16. Lorsqu'un officier cessera de faire partie des cadres de l'armée, dans tous les autres cas que ceux de mission pour service, de licenciement ou de suppression d'emploi, le temps qu'il aura passé hors des cadres sera déduit de l'ancienneté. — Sera aussi déduit de l'ancienneté le temps passé dans un service étranger au département de la guerre. — Est excepté de cette disposition le temps passé pour le service détaché dans la garde nationale, dans la marine ou dans une mission diplomatique. — Sera déduit, dans tous les cas, le temps passé au service d'une puissance étrangère. — Les officiers qui ces-

seront de faire partie des cadres de l'armée, par suite de suppression d'emploi ou de licenciement, seront répartis, pour l'avancement, entre les différens corps de l'arme à laquelle ils appartiennent, et qui seront conservés ou créés.

17. Les officiers prisonniers de guerre conserveront leurs droits d'ancienneté pour l'avancement; cependant ils ne pourront obtenir que le grade immédiatement supérieur à celui qu'ils avaient au moment où ils ont été faits prisonniers.

18. Le temps de service exigé pour passer d'un grade à un autre, pourra être réduit de moitié à la guerre ou dans les colonies.

19. Il ne pourra être dérogé aux conditions de temps imposées par l'article précédent pour passer d'un grade à un autre, si ce n'est, 1.º pour action d'éclat dûment justifiée et mise à l'ordre du jour de l'armée; 2.º lorsqu'il ne sera pas possible de pourvoir autrement au remplacement des vacances dans les corps en présence de l'ennemi.

20. En temps de guerre et dans les corps qui seront en présence de l'ennemi, seront donnés, savoir : à l'ancienneté, la moitié des grades de lieutenant et de capitaine. — Au choix du Roi, la totalité des grades de chef de bataillon et de chef d'escadron.

21. Il ne pourra, dans aucun cas, être nommé à un grade sans emploi ou hors des cadres des états-majors, ni être accordé des grades honoraires. — Il ne pourra également, dans aucun cas, être donné un grade supérieur à celui de l'emploi.

22. Toutes les promotions d'officiers seront immédiatement rendues publiques par insertion au

(131)

Journal Militaire officiel, avec indication du tour
de l'avancement, du nom de l'officier qui était
pourvu de l'emploi devenu vacant, et de la cause
de la vacance.

23. Nul officier admis à la retraite ne pourra
être replacé dans les cadres de l'armée.

24. L'emploi est distinct du grade. — Aucun officier ne pourra être privé de son grade que dans
les cas et suivant les formes déterminées par la loi.

25. Toutes les dispositions de la présente loi
sont applicables aux troupes d'artillerie et de l'infanterie de la marine.

26. Toutes les dispositions contraires à la présente loi sont abrogées.

L'on annonce comme devant paraître, sous très-
peu de temps, une ordonnance royale qui fixera
administrativement l'exécution de cette loi d'avancement. Si cette ordonnance, que l'armée attend
avec une vive impatience, paraît avant l'impression
de notre travail, nous nous empresserons d'en donner, *par appendice*, les principales dispositions.

En attendant cette ordonnance, la circulaire ministérielle du 5 Juillet 1833 prescrit les dispositions suivantes, qui seront insérées dans l'ordonnance à intervenir pour le mode à suivre relativement aux propositions, aux emplois spéciaux, savoir : aptes aux emplois de porte-drapeau ou porte-
étendard, un sous-lieutenant ayant au moins sept
ans de service; d'adjoint au trésorier (proposition
faite par le conseil d'administration), un des sous-
officiers portés au tableau d'avancement. Après
deux ans d'exercice de ces fonctions, s'il a huit ans
de service, il pourra être nommé trésorier.

Journal militaire, 2.º
semestre 1833, page 20.

Adjudans-majors pris parmi les lieutenans du corps ayant au moins huit ans de service, *sans autre condition.* Dans les armes où le grade de lieutenant et de capitaine se subdivisent, les capitaines en second, remplissant les conditions ci-dessus, concourent avec les lieutenans pour l'emploi d'adjudant-major.

Trésorier et officier d'habillement pris parmi les lieutenans au corps ayant huit ans de service, sans autre condition que celle d'aptitude.

Journal militaire, 2.e semestre 1833, page 20

Majors choisis parmi tous les capitaines de l'arme, quel que soit l'emploi qu'ils occupent.

Depuis la loi du 14 Avril 1832, les lieutenans adjudans-majors ne sont plus de droit capitaines dès qu'ils ont atteint le temps du grade de lieutenant, fixé par cette loi, pour parvenir au grade supérieur; ils concourent pour le grade de capitaine avec les lieutenans de compagnies. — Il en est de même pour les porte-drapeau ou étendard, les adjoints aux trésoriers, les trésoriers et les capitaines d'habillement et instructeurs, qui concourent, pour l'avancement, avec les officiers de compagnies de leurs grades.

Dans les armes où il y a des capitaines en premier et en second, les adjudans-majors instructeurs et comptables du grade de capitaine, concourront, pour le grade supérieur, avec les capitaines en premier, s'ils sont capitaines en premier; et avec les capitaines en second, pour l'emploi de capitaine commandant et en premier, s'ils sont capitaines en second.

DISPOSITIONS PARTICULIÈRES A L'ARMÉE D'AFRIQUE.

Composition des bataillons d'Afrique. — Avancement dans ces bataillons.

L'art. 1.ᵉʳ prescrit la formation de deux bataillons d'infanterie légère d'Afrique, sous les numéros 1 et 2, et fixe qu'il en sera formé d'autres en raison des besoins. — Un troisième bataillon a été formé depuis sous le numéro 3.

Ordonnance royale du 3 Juin 1832.
Journal militaire, 1.ᵉʳ semestre 1832, pages de 482 à 484.

L'art. 2 donne la formation de ces bataillons, qui doivent être ainsi composés : huit compagnies de fusiliers. — État-major, un chef de bataillon commandant, un adjudant-major, un trésorier, un chirurgien aide-major, un adjudant sous-officier, un caporal tambour, trois maîtres ouvriers, armurier, tailleur et cordonnier. — Cadre des compagnies, un capitaine, un lieutenant, un sous-lieutenant, un sergent-major, quatre sergens, un fourrier, huit caporaux, deux tambours ou clairons, cent neuf fusiliers, un enfant de troupe.

3. Ces bataillons seront composés, 1.º des militaires qui, à leur sortie des compagnies de discipline, auraient à continuer leur service dans l'armée; 2.º de ceux qui, condamnés correctionnellement, auraient, après l'expiration ou le pardon de leur peine, à achever le temps du service imposé par la loi; 3.º des hommes qui demanderont à contracter des engagemens volontaires pour ces corps.

4. Pour la première formation de ces bataillons, les officiers seront tirés des corps d'infanterie ou de la non-activité, soit avec leur grade, soit par avancement. — Ces officiers, après avoir servi trois ans

dans les bataillons d'Afrique, pourront, sur leur demande, rentrer par permutation dans les régimens.

5. Tous les sous-officiers et la moitié au moins des caporaux seront également, pour la première formation de ces bataillons, tirés des régimens; l'autre moitié des caporaux sera, autant que possible, choisie parmi les soldats du corps.

6. Une fois l'organisation terminée, l'avancement, jusqu'au grade de capitaine inclusivement, aura lieu entre tous les officiers de ces bataillons, comme s'ils étaient réunis, et de la même manière que pour les autres corps d'infanterie. Les capitaines concourront, pour l'avancement, sur toute l'arme de l'infanterie, avec les autres officiers de ce grade *en activité*. Les deux tiers des emplois de sous-lieutenant pourront être donnés, par avancement, à des sous-officiers d'autres corps, ou à des sous-lieutenans qui demanderaient à servir dans ces bataillons. La moitié des sous-officiers continuera à être tirée des régimens d'infanterie de l'armée. Une partie des caporaux pourra être aussi tirée des régimens, s'il est constaté qu'il n'existe pas, parmi les soldats des deux bataillons, un nombre suffisant de sujets propres à l'avancement. Les emplois de sous-lieutenans, de sous-officiers et de caporaux, non dévolus à l'avancement dans les bataillons, seront accordés de préférence à des sous-officiers, caporaux et soldats des corps servant à l'armée d'Afrique.

7. Les deux bataillons d'infanterie légère d'Afrique seront assimilés aux autres bataillons de même arme, pour l'armement, l'uniforme et les presta-

tions en nature; il en sera de même pour la solde, en ce qui ne sera pas contraire aux dispositions des articles suivans.

8. Les officiers recevront une augmentation de solde après chaque année qu'ils auront passée en Afrique dans le même grade. Cette augmentation sera, pour les chefs de bataillon et les capitaines, de soixante-quinze francs par an; et pour les lieutenans, de cinquante; elle s'accroîtra progressivement pendant huit ans, jusqu'à ce que la solde des chefs de bataillon et des capitaines se trouve augmentée de six cents francs, et celle des lieutenans et sous-lieutenans de quatre cents francs. Il sera en outre accordé, à chaque chef de bataillon, une somme annuelle de six cents francs, à titre de frais de représentation et de frais de bureau.

9. Les sous-officiers et caporaux qui passeront, sans avancement, des régimens d'infanterie dans ces bataillons, jouiront immédiatement de la solde qui est affectée à leur grade dans les compagnies d'élite. L'adjudant-sous-officier qui, de même, y passera sans avancement, recevra un supplément de solde de trente centimes par jour. Ces diverses augmentations de solde seront applicables, mais seulement après un an de grade, aux sous-officiers et aux caporaux tirés de la ligne avec avancement, ou provenant des soldats du corps.

10. Les deux plus anciens capitaines de chacun de ces bataillons, et les quatre plus anciens lieutenans *de compagnie*, seront de première classe.

11. Après un an de formation, et lorsqu'en outre ces bataillons se seront fait remarquer par leur bonne discipline et devant l'ennemi, il pourra être

nommé, dans chaque compagnie, des fusiliers de première classe, qui jouiront de la haute paie affectée, dans les autres bataillons d'infanterie, aux soldats de compagnies d'élite; ils seront choisis parmi les hommes qui auront la meilleure conduite et auront montré le plus de bravoure. Leur nombre ne pourra jamais excéder le cinquième de l'effectif des fusiliers.

19 Mai 1834.

III. *Principales dispositions de la loi sur l'état des officiers.*

Voir l'ouvrage du capitaine Champmontant, intitulé : de *l'Armée*, pages de 245 à 257. Cet ouvrage se trouve à Bordeaux, chez M. Lavigne jeune, éditeur.

Titre 1.er — Art. 1.er Le grade est conféré par le Roi; il constitue l'état de l'officier. L'officier ne peut le perdre que par l'une des causes ci-après : 1.º démission acceptée par le Roi; 2.º perte de la qualité de français, prononcée par un jugement; 3.º condamnation à une peine afflictive et infamante; 4.º condamnation à une peine correctionnelle pour le délit prévu par la section 1.re et les art. 402, 403, 405, 406 et 407 du chapitre 2 du livre 3 du Code pénal; 5.º condamnation à une peine correctionnelle d'emprisonnement, et qui, en outre, a placé le condamné sous la surveillance de la haute police, et l'a interdit des droits civiques, civils et de famille; 6.º destitution prononcée par un conseil de guerre.

Titre 2. — Art. 2. Les diverses positions dans lesquelles peut se trouver l'officier, sont au nombre de cinq : 1.º l'activité; 2.º la disponibilité; 3.º la non-activité; 4.º la réforme; 5.º la retraite.

Section 1.re — Art. 3. 1.º L'activité est la position de l'officier appartenant à l'un des cadres constitutifs de l'armée, pourvu d'emploi, et de l'officier, hors cadre, employé temporairement à un service spécial ou à une mission; 2.º la disponibilité est la position spéciale d'un officier, et plus généralement de l'officier-général ou d'état-major, appartenant au cadre constitutif et momentanément sans emploi; 3.º Section 2. — Art. 4. La non-activité est la position de l'officier hors cadre et sans emploi. Art. 5. L'officier en activité ne peut être mis en non-activité que par l'une des causes ci-après : licenciement de corps, suppression d'emploi, rentrée de captivité à l'ennemi, lorsque l'officier prisonnier de guerre a été remplacé dans son emploi, infirmités temporaires, retrait ou suspension d'emploi. Art. 6. La mise en non-activité, par retrait ou suspension d'emploi, a lieu par décision royale, sur le rapport du Ministre de la guerre. Art. 7. Les officiers en non-activité par licenciement de corps, suppression d'emploi ou rentrée de captivité à l'ennemi, sont appelés à remplir la moitié des emplois de leur grade vacans dans l'arme à laquelle ils appartiennent. Art. 8. Les officiers en non-activité pour infirmités temporaires et par retrait ou suspension d'emploi, sont susceptibles d'être remis en activité. Le temps passé par eux en non activité est compté comme service effectif *pour la réforme et pour la retraite seulement.*

4.º Section 3. — Art. 9. La réforme est la position de l'officier sans emploi, qui, n'étant plus susceptible d'être rappelé à l'activité, n'a pas de droits acquis à la pension de retraite. Art. 10. La réforme peut être prononcée pour infirmités incurables et par mesure de discipline. Art. 11. La réforme pour infirmités incurables est prononcée dans les formes voulues par la loi du 11 Avril 1831, sur les pensions de l'armée de terre. Art. 12. Un officier ne peut être mis en réforme, pour cause de discipline, que pour les motifs ci-après : inconduite habituelle, fautes graves dans le service ou contre la discipline; fautes contre l'honneur, prolongation, *au-delà de trois ans*, de la non-activité, sauf les restrictions énoncées en l'art. 13. — Art. 13. La réforme, par mesure de discipline, des officiers en activité et des officiers en non-activité, sera prononcée par décision royale, sur le rapport du Ministre de la guerre, d'après l'avis d'un conseil d'enquête, dont la composition et les formes seront déterminées par un réglement d'administration publique. A l'époque où nous faisons paraître ce précis, ce réglement d'administration publique n'existe pas encore.

La réforme, à raison de la prolongation de la non activité *pendant trois ans*, ne pourra être prononcée qu'à l'égard de l'officier qui, d'après l'avis du même conseil, aura été reconnu non-susceptible d'être rappelé à l'activité. Les avis du conseil d'enquête ne pourront être modifiés qu'en faveur de l'officier. 5.º Art. 14. La retraite est la position définitive de l'officier rendu à la vie civile, et admis à la jouissance d'une pension, conformément aux lois en vigueur.

Titre 3. — Art. 15. La solde d'activité et celle de disponibilité sont réglées suivant les tarifs approuvés par le Roi.

16. La solde de non-activité est fixée : 1.º pour l'officier sorti de l'activité par suite de licenciement de corps, de suppression d'emploi, de rentrée de captivité à l'ennemi ou d'infirmités temporaires, à

moitié de la solde d'activité dégagée de tous accessoires et de toute indemnité représentative ; 2.° pour l'officier sorti de l'activité par retrait ou suspension d'emploi, *aux deux cinquièmes de la même solde.* Art. 17. Par exception au paragraphe 1.er de l'art. 16, les lieutenans et sous-lieutenans, dans les cas prévus par ledit paragraphe, toucheront *les trois cinquièmes de la solde d'activité,* dépouillés de tous accessoires. Art. 18. Nul officier réformé n'a droit à un traitement, s'il n'a pas accompli le temps de service imposé par la loi de recrutement. Tout officier réformé, ayant moins de vingt ans de service, recevra, pendant un temps égal à la moitié de la durée de ses services effectifs, une solde de réforme égale *aux deux tiers du minimum de la pension de retraite de son grade,* conformément à ce qui est déterminé par la loi du 11 Avril 1831. L'officier ayant, au moment de sa réforme, plus de vingt ans de service effectif, recevra une pension de réforme dont la quotité sera déterminée d'après le *minimum* de la retraite de son grade, à raison *d'un trentième* pour chaque année de service effectif. Art. 19. Les pensions et traitemens de réforme ci-dessus déterminés, peuvent se cumuler avec un traitement civil.

20. Les pensions de réforme accordées après vingt ans de service, seront inscrites au livre des pensions du trésor public ; elles seront, comme les pensions de retraite, incessibles et insaisissables, excepté en cas de *débet* envers l'état, ou dans les circonstances prévues par les art. 203, 205 et 214 du Code civil. Dans ces deux cas, les pensions de réforme sont passibles de retenues qui ne peuvent

excéder le cinquième pour cause de *débet*, et le tiers pour alimens.

21. Dans aucun cas, il ne peut y avoir réversibilité de tout ou partie de la pension de réforme, sur la veuve et les orphelins.

Les titres 5 et 6 déclarent la loi applicable à l'armée de mer, au corps de l'intendance, aux officiers de santé des armées de terre et de mer, à ceux de l'administration des hôpitaux et aux agens du service de l'habillement et du campement.

L'art. 27 du dernier titre dispose que tout officier condamné par jugement à un emprisonnement de plus de six mois, sera suspendu de son emploi ou mis en réforme, en se conformant aux art. 6 et 13 ; et la durée de l'emprisonnement ne comptera jamais comme temps de service effectif, même pour la retraite ; enfin, l'art. 28 et dernier abroge toutes les dispositions antérieures.

IV. *Loi sur les pensions militaires, de retraite et de réforme.*

Loi du 11 Avril 1831.

Cette loi, si tutélaire pour l'armée, reconnaît à tout militaire ayant accompli trente années de service effectif, le droit acquis, à titre d'ancienneté, au minimum de la pension de retraite. Cette fixation s'augmente d'un vingtième de la différence du minimum au maximum, pour chaque année de service au-delà de trente, et pour chaque campagne.

Journal militaire, 1er semestre 1831.

Toute campagne, même celles dont la durée n'est pas de douze mois, comptent pour une année accomplie ; néanmoins, il ne peut être compté qu'une seule année de campagne dans une période de douze mois.

Le maximum de la pension de retraite est acquis à cinquante ans de service accompli, les campagnes comprises.

La pension de retraite de tout officier, sous-officier ou caporal, ayant douze ans accomplis d'activité dans son grade, est augmentée d'un cinquième.

Lorsque des blessures et des infirmités provenant d'événemens de guerre ou d'accidens éprouvés dans un service commandé, sont graves et incurables, elles donnent droit à la pension de retraite. Si ces blessures ou infirmités ont occasionné la cécité, l'amputation ou la perte absolue de l'usage d'un ou plusieurs membres, elles ouvrent un droit immédiat à cette pension. — Dans les cas moins graves, elles n'y donnent droit que sous les conditions suivantes : 1.º Pour l'officier, si elles le mettent hors d'état de rester en activité et lui ôtent la possibilité d'y rentrer ultérieurement; 2.º pour le sous-officier ou soldat, si elles le mettent hors d'état de servir et de pourvoir à sa subsistance par son travail; 3.º pour la cécité, l'amputation ou la perte absolue de l'usage de deux membres, la pension est fixée au *maximum* pour les officiers, et elle dépasse le *maximum* pour les sergens, de 50 fr.; pour les caporaux, de 60 fr., et pour les soldats, de 65 fr.; 4.º les blessures et les infirmités qui occasionnent la perte absolue de l'usage d'un membre ou qui sont équivalentes à cette perte, donnent droit au *minimum* de la pension d'ancienneté, quelle que soit la durée des services. Chaque année de service, y compris les campagnes, ajoute à cette pension un vingtième de la différence du

De l'*Armée*, par le capitaine Champmontant, pag. de 221 à 244.

nimum au *maximum* de l'ancienneté. Le *maximum* est acquis à vingt ans de service, campagnes comprises.

Les veuves recoivent une pension fixée au quart du *maximum* de la retraite affectée au grade du mari, s'il est mort dans un des cas suivans : 1.° sur le champ de bataille ou dans un service commandé; 2.° à l'armée ou hors d'Europe, si la mort a été causée par des événemens de guerre ou par des maladies contagieuses ou endémiques, aux influences desquelles il a été soumis par les obligations de son service; 3.° par suite de blessures reçues sur le champ de bataille ou dans un service commandé, si le mariage est antérieur à ses blessures; 4.° en jouissance de la pension de retraite ou en possession de droits à cette pension, si le mariage a été contracté deux ans avant la cessation d'activité du mari, ou s'il existe un ou plusieurs enfans issus du mariage antérieur à cette cessation.

Après décès de la veuve, l'enfant ou les enfans mineurs, quel que soit leur nombre, ont droit à un secours annuel égal à la pension de la mère, jusqu'à l'époque de la majorité du plus jeune.

La pension des veuves des maréchaux de France est fixée à 6,000 fr. Celle des veuves de soldats ne peut être moindre de 100 fr.

Telles sont les principales dispositions de cette loi : celles que nous omettons ne sont que réglémentaires. L'on peut recourir pour les connaître, s'il est besoin, au *Journal militaire*, 1.er semestre 1831, page 467. Nous avons placé à la suite de ce résumé, sous le n.° 13, le tarif annexé à la loi du 11 Avril 1831.

Journal Militaire, premier semestre 1831, page 475.

...RIF ANNEXE A LA LOI DU 11 AVRIL 1831.

GRADES.	PENSIONS DE RETRAITE POUR ANCIENNETÉ DE SERVICE. (Art. 9 de la loi). — Minimum à 30 ans de service effectif.	Accroiss.t pour chaque année de service effectif au-delà de 30 ans, et pour chaque campagne.	Maximum à 50 ans de service, campagnes comprises.	PENSIONS DE RETRAITE POUR CAUSE DE BLESSURES OU INFIRMITÉS GRAVES ET INCURABLES. (Art. 12, 13, 14, 15, 16 et 17, de la loi). — Amputation de deux membres ou perte totale de la vue. Pension fixe, quelle que soit la durée de service. (Art. 15).	Amputation d'un membre ou perte absolue de l'usage de deux membres. Pension fixe, quelle que soit la durée de service. (Art. 15).	Blessures ou infirmités graves, qui occasionnent la perte absolue de l'usage d'un membre, ou qui y sont équivalentes. (Art. 16). — Minimum.	Accroiss.t pour chaque année de service, y compris les campag.	Maximum à 20 ans de service, campagnes comprises.	Blessures ou infirmités moins graves, qui mettent dans l'impossibilité de rester au service avant d'avoir accompli les 30 ans exigés pour le droit à la pension d'ancienneté. (Art. 17). — Minimum.	Accroiss.t pour chaque année de service au-delà de 30 ans. Les camp.s cumulées avec les services effectifs font un total de 30 ans.	Maximum à 50 ans de service, campagnes comprises.	PENSIONS aux veuves. SECOURS annuels aux orphelins. (Art. 21 et 22). Quart du maximum de la pension d'ancienneté affectée au grade militaire.
Lieutenant-général...............	4,000 fr.	100 f. » c	6,000 fr.	6,000 fr.	6,000 fr.	4,000 fr.	100 fr. » c	6,000 fr.	4,000 fr.	100 fr. »	6,000 fr.	1,500 fr.
Maréch. de camp et int. milit.	3,000	50 »	4,000	4,000	4,000	3,000	50 »	4,000	3,000	50 »	4,000	1,000
Colonel et sous-intend. milit...	2,500	30 »	3,000	3,000	3,000	2,500	30 »	3,000	2,500	30 »	3,000	750
Lieutenant-colonel...............	1,800	30 »	2,400	2,400	2,400	1,800	30 »	2,400	1,800	30 »	2,400	600
Chef de bataillon, d'escadron, major et sous-int. milit. adj.	1,500	25 »	2,000	2,000	2,000	1,500	25 »	2,200	1,500	25 »	2,000	500
Capitaine......................	1,200	20 »	1,600	1,600	1,600	1,200	20 »	1,600	1,200	20 »	1,600	400
Lieutenant.....................	800	20 »	1,200	1,200	1,200	800	20 »	1,200	800	20 »	1,200	500
Sous-lieutenant................	600	20 »	1,000	1,000	1,000	600	20 »	1,000	600	20 »	1,000	250
Adjud. sous-off., secrét. archiv. de place, s'il n'est off., portier consigne de première classe dans les places de guerre......	400	10 »	600	600	600	400	10 »	600	400	10 »	600	150
Serg.-major-maréch.-des-logis chef, tambour-maj., tromp.-maj., mar.-des-logis, tromp.-portier-cons. de 2.e class. dans les pl. de guerre, gard. de batt.	300	10 »	500	500	500	300	10 »	500	300	10 »	500	125
Serg., maréch.-des-log., maître-ouvr. dans les corps de troupe, portier-cons. de 3.e classe dans les plac. de guerre, port.-cons. des parcs de construction du train des équipages......	250	7 50	400	A. 450	400	250	7 50	400	250	7 50	400	300 '
Caporal et brigadier............	220	6 »	340	B. 400	340	220	6 »	340	220	6 »	340	D. 100
Soldat de toute arme, instrumentiste, tambour, trompette, clairon, batelier, aide-portier-consigne........................	200	5 »	300	C. 365.	300	200	5 »	300	200	5 »	300	D. 100

A. B. C. « Aux termes de l'art 33 de la loi du
» 28 Fructidor an 7, la pension, pour le cas de
» cécité ou d'amputation de deux membres, est
» augmentée en sus du *maximum* d'ancienneté,
» savoir : pour le sergent ou maréchal-des-logis,
» de 50 fr. ; pour le caporal ou brigadier, de 60 fr. ;
» pour le soldat, de 65 fr.

» Pour les veuves des caporaux, brigadiers, sol-
» dats et ouvriers, la pension ne peut être moindre
» de 100 fr. (Art. 22 de la loi) ».

V. *Conditions d'admission et avancement dans
l'ordre de la Légion-d'Honneur.*

Ordonnance royale du
18 Octobre 1829.

L'ordre de la Légion-d'Honneur fut créé par
décret du 29 Floréal an 10. Il n'est aucun militaire qui ne sache que les premières décorations de
cet ordre furent distribuées par Napoléon, en personne, au fameux camp de Boulogne, et que toutes
les armes d'honneur données sous le gouvernement
républicain, valurent alors à ceux qui les avaient
si bien acquises la glorieuse étoile des braves.

Tout militaire ayant servi la patrie avec distinc-
tion pendant *vingt ans,* campagnes comprises et
réunissant du reste toutes les autres conditions
d'honneur et de moralité, est *susceptible* d'être admis comme membre dans l'ordre de la Légion-
d'Honneur.

Cette décoration est accordée aussi en temps de
guerre pour de beaux faits d'armes, des actions
d'éclat, des blessures graves reçues en combattant,
dûment constatées par la signature des officiers présens à l'affaire, légalisée par les visa du chef d'état-
major de la division et du chef d'état-major-géné-

ral de l'armée. Les officiers et autres militaires
de troupes qui ont des droits à la décoration, à raison d'actions d'éclat ou blessures, doivent appuyer
ces droits d'un certificat signé par cinq militair
du même corps que le proposé, autant que possible, pris de préférence parmi les décorés de la
croix qu'il réclament. Il faut en outre que ce certificat soit, selon l'arme, visé, savoir : pour l'état-
major général, le corps de l'état-major, l'infanterie
et la cavalerie, du chef d'état-major de la division
et du chef d'état-major général de l'armée; pour le
corps de l'intendance militaire, en outre du visa
des deux chefs d'état-major divisionnaire et général, celui de l'intendant en chef; pour l'artillerie
(officiers et employés), visé des deux chefs d'état-
major divisionnaire et général et du chef de l'arme;
pour l'état-major du génie, de même que pour
l'artillerie; pour les officiers de santé, les officiers
d'administration d'hôpitaux, les agens du service
des subsistances militaires et ceux du campement
et habillement, outre le visa exigé pour toutes les
armes, visé de plus par le sous-intendant militaire
chargé du service et par l'intendant en chef.

Les militaires en réforme avec ou sans traitement,
et ceux en congé illimité, ne peuvent être proposés
pour la décoration de la Légion-d'Honneur, tant
qu'ils restent dans ces positions.

Les militaires en retraite qui auraient des droits
à cette décoration, s'ils n'occupent pas d'emplois
dans une administration civile, doivent adresser
leur demande directement au grand chancelier de
l'ordre. Ceux qui remplissent des fonctions civiles,
doivent l'adresser au Ministre dont ils dépendent.

10

Avancement. — Pour obtenir un grade supérieur dans l'ordre de la Légion-d'Honneur, il faut, pour celui d'officier, être chevalier depuis quatre ans ; pour celui de commandeur, être officier depuis deux ans ; pour celui de grand officier, être commandeur depuis trois ans ; pour celui de grand'-croix, être grand officier depuis cinq ans.

FIN.

TABLE DES MATIÈRES.

CHAPITRE I.er

CONSEIL DE GUERRE PERMANENT.

CHAPITRE II.

CHAPITRE III.

CHAPITRE IV.

CHAPITRE V.

CHAPITRE VI.

CHAPITRE VII.

——◆◆◆——

ERRATUM.

Pag. 61 , changer l'art. 248 comme suit :

Ne comptera pas pour les années de service exigé par la loi, le temps passé en détention, en vertu de jugement (art. 142, loi du 21 Mars).

Pag. 70, 'art. 178 : *il peut* , il faut *il ne peut.*

Pag. 122 et 123 : *ne peut être admis*, il faut lire *ne peut être présenté ; admission prononcée*, il faut *sur la présentation de l'acte passé par le sous-intendant militaire* , etc.

NOMENCLATURE

Des principales lois et ordonnances constitutives de l'armée française, avec indication de leur insertion au journal militaire.

Loi sur le recrutement de l'armée, 21 Mars 1832, *J. M.*, 2.e semestre, page 314.
— l'avancement................... 14 Avril 1832, *id.*, 1.er *id.*, *id.* 295.
— l'état des officiers........... 19 Mai 1834, *id.*, 1.er *id.*, *id.* 171.
— les retraites.................... 11 Avril 1831, *id.*, 1.er *id.*, *id.* 467.

Ordonnance sur l'administration des corps, 19 Mars 1823, *J. M.*, 1.er semest., pag. 408.
— sur les manœuvres................... 4 Mars 1831, volume à part.
— sur les retraites.................... 20 Juill. 1831, *J. M.*, 1.er semest., pag. 3.
— sur le service intérieur........... 2 Nov. 1833, *J. M. supplément.*, pag. 1.
— sur le service en campagne...... 3 Mai 1832, *id.*, pag. 1.
— sur le service des places.......... 3 Mai 1768, *id.*, pag. 1.
— sur les transp. et indemn. rout. 20 Sep. 1823, *id.*, 2.e semest., pag. 143.
— sur les hôpitaux.................... 2 Avr. 1831, *id.*, 1.er *id.*, pag. 1.
— sur l'hôtel des invalides,......... 1 Mai 1832, *id.*, *id.*, *id.*, pag. 321.
— sur les engagemens volont. et reng. 28 Av. 1832, *id.*, *id.*, *id.*, pag 331.

Instruction sur cette ordonnance; 4 Mai 1832... 561
— explicative des dispositions de la loi sur le recrutement.................... pag. 20

Nota. L'ordonnance devant faire suite à la loi du 14 Avril 1832 est annoncée, et paraîtra vraisemblablement bientôt.

9 782019 311360